豊富な事例でわかりやすく徹底解説!

50歳からの相続・贈与の本

税理士 池田俊文

駒草出版

はじめに

「相続」という言葉を聞いて、皆さんはどういうイメージをお持ちでしょうか。
「うちには大した財産がないから大丈夫。子どもたちが仲良く話し合って財産を分けてくれるだろう」という方が、おそらく多数を占めているのではないでしょうか。

しかし現実を見ると、相続に関するトラブルは年々増加傾向にあります。

最高裁判所の司法統計年報によりますと、相続トラブルで５０００万円以下の相続財産での争いがおよそ75%を占めており、そのうち、遺産総額１０００万円以下のケースが約32%を占めています。つまり、遺産相続のトラブルの3件に1件は、驚くことに私たちの身近で起こっているのです。

いつの日か誰もが死を迎えます。大切な人を亡くした悲しみに暮れる間もなく、残された家族は通夜、葬儀、死亡届、初七日と多忙を極め、それと同時に待ち受けるのが「相続」という現実です。

亡くなった日の翌日から10カ月以内に、残された家族は相続人の確定と遺産分割の確定をし、税務署に申告書の提出と相続税の納付をしなければなりません。

真面目一筋だった父に実は認知している子がいるかもしれませんし、過大な遺産分割を声高に要求してくる親族が現れるかもしれません。揉めて折り合いがつかない場合は、

家庭裁判所での調停ということになります。

裁判ともなれば精神的にも疲弊し、親族の仲はもはや修復不可能なほどボロボロになります。それに費やす弁護士費用も馬鹿になりません。

どうすればトラブルを避けられるのか。どうすれば大切な家族と財産を守ることができるか。そのためにはまず、相続に関する基本的知識を身につけておくことが何より重要です。

本書は、相続や贈与に関する法律知識や税金知識を、まずは広く浅く理解してもらうために、皆さんの生活に密着した身近な事例をいくつも取り上げ、どなたにも理解していただけるよう心掛けて解説しています。また、節税対策や納税資金対策などにも踏み込んで解説しています。

今、「遺言控除」の創設が検討されています。その背景には相続財産をめぐる争いを防ぐ手立てとして、遺言の活用が期待されていることから考えられているようです。

相続とは、次の世代へのバトンタッチです。遺産を遺す人と受け取る人、双方が納得いく結果を迎え、円満と幸せをつなぐ一助となれば、著者としてこれ以上の喜びはありません。

池田俊文

目次

III 相続税から控除される税金

Ⅳ 相続税の申告期限

Ⅴ 我が家の相続事例

巻末付録

I

民法を読む

1 そもそも相続人とは

●相続人は民法で決まっている

相続は、人の死によって始まります。

人が死ぬことでその亡くなった人（被相続人といいます）が持っていた財産が、その死亡のときから相続人に承継されます。では、誰がその財産を相続できるの？　と疑問に思います。被相続人の配偶者、子ども、親、兄弟、叔父さん、叔母さんまで……。もらえるものならばもらいたいと思うのが人情ではないでしょうか。しかし血縁関係が稀薄な叔父さん、叔母さんまでも財産をもらうとなると、何となく釈然としないものを感じてしまいます。

そこで民法では、相続人の範囲と順番を決めています。

相続人の範囲は、被相続人の配偶者、子ども、親、兄弟姉妹まで。順番は、血縁関係が濃い方から薄い方へと流れていきます。

配偶者は配偶者相続人といい、順番はなく常に相続人となります。

配偶者以外の相続人を血族相続人といい、血族相続人には、財産を引き継ぐ順番が次のように決まっています。

第一順位：被相続人の子ども。直系卑属《ひぞく》といいます。

第二順位：第一順位の子どもがいない場合、被相続人の父母が相続人となります。この父母のことを直系尊属《そんぞく》といいます。

第三順位：子どもや父母がいない場合、兄弟姉妹が相続人となります。

つまり被相続人に子どもがいる場合は、配偶者と子どもが相続人となり、配偶者がすでに死亡している場合は、子どもだけが相続人となります。

子どもがいない場合は、次の順位に移行していくことになります。

代襲相続人という相続人がいる

第一順位の子どもが被相続人の相続開始以前に死亡していると、その子どもの子、つまり被相続人から見た場合、孫が相続人となります。これを代襲《だいしゅう》といいます。

孫がすでに死亡しているときはその子（被相続人のひ孫）が相続人となります。このことを再代襲といい、この孫、ひ孫のことを代襲相続人と言います。

そして、もう一組代襲相続人となる人がいます。それは兄弟姉妹の子どもです。

兄弟姉妹に相続権が回ってきたとき、その兄弟姉妹がすでに死亡しているときは、その子（甥《おい》、姪《めい》）が代襲相続人となりますが、その子がいない場合は、そこで代襲は打ち切りとなります。その子の下には相続権は承継されません。つまり再代襲はありません。

代襲相続ができる場合とは、被相続人の子どもが死亡している場合です。それによりその子（被相続人の孫、ひ孫）が相続権を有することになります。子どもや親がいない場合は、兄弟姉妹の子（甥、姪）が相続権を有することになりますが、それ以外の要件でも相続の権利が移転する場合があります。

それは、相続欠格と相続廃除された人がいる場合です（※60ページ参照）。これらに当てはまる人は相続人から外され、相続権がなくなります。

被相続人の子どもが、相続欠格や相続廃除に該当した場合、その子どもの子（被相続人の孫、ひ孫）が相続権を有することになります。

民法で決められている相続人

配偶者	夫または妻
第一順位	子、孫、ひ孫 →直系卑属
第二順位	父母、祖父母 →直系尊属
第三順位	兄弟姉妹または その子

法定相続人の範囲と順位

第一順位の相続人は？

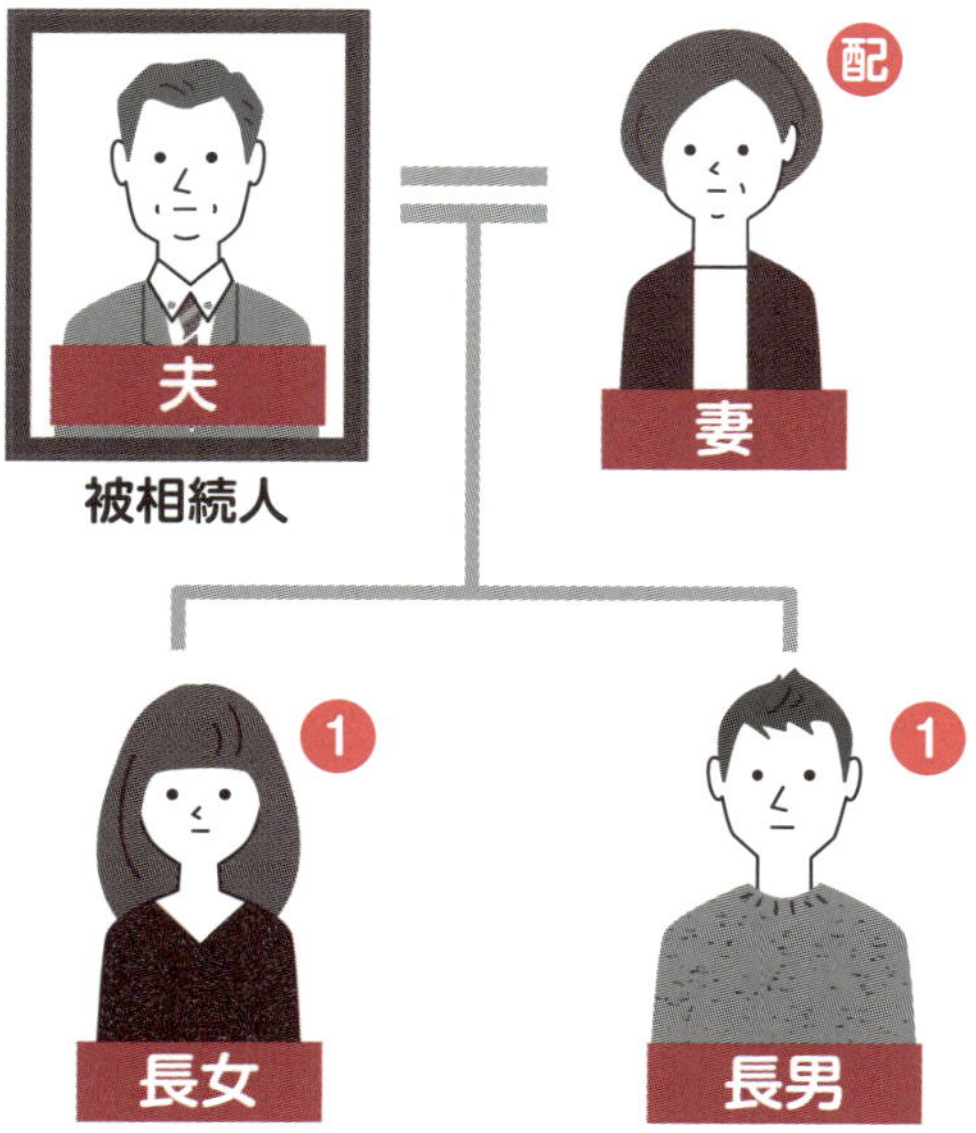

相続人：妻、長女、長男

妻は配偶者相続人、被相続人の子供である長女と長男は第一順位の相続人となる。

- 配…配偶者相続人
- 1…第一順位の相続人
- 2…第二順位の相続人
- 3…第三順位の相続人
- 代…代襲相続人
- ×…相続権無し

第二順位の相続人は？

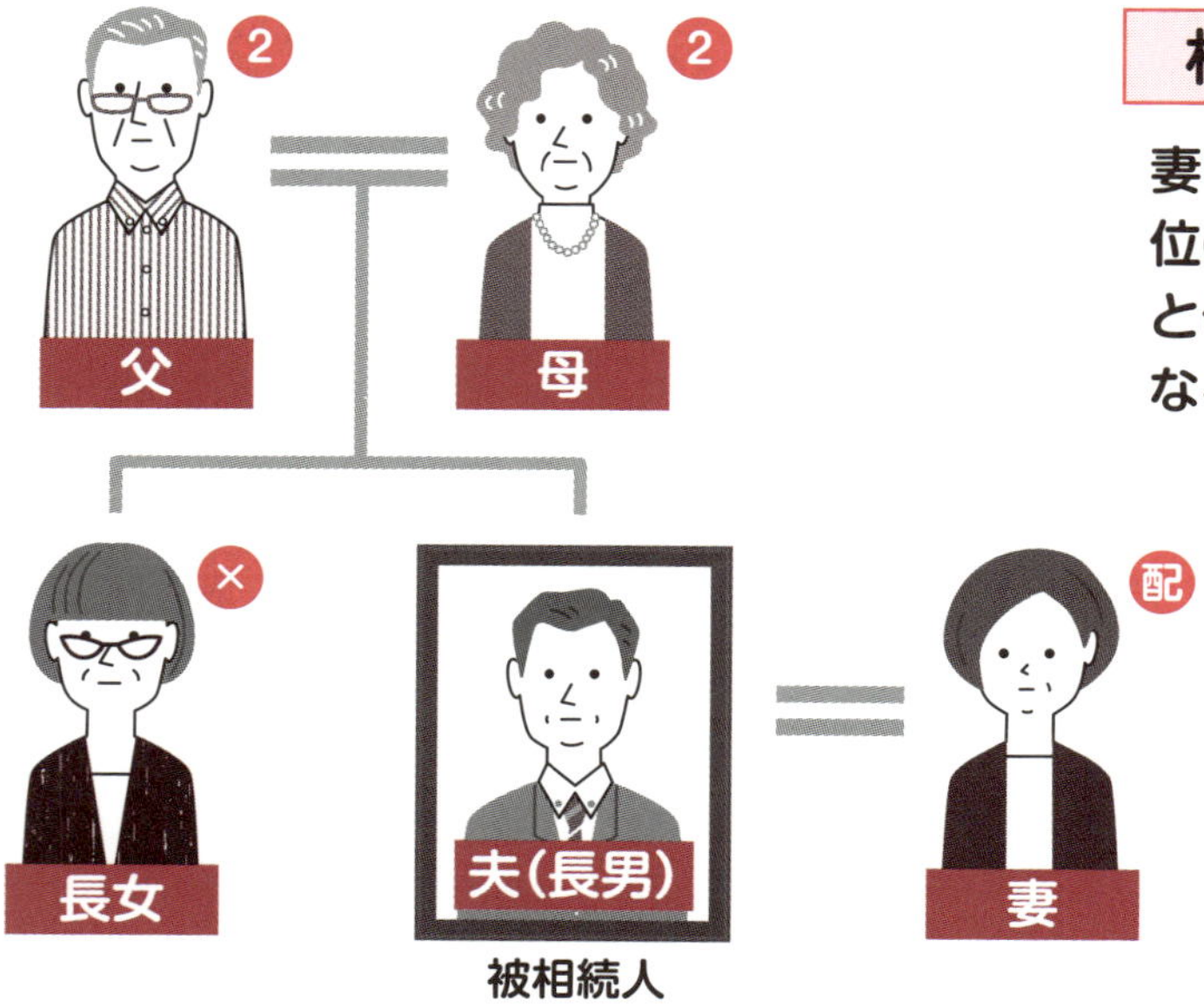

相続人：妻、父、母

妻は配偶者相続人、第一順位の子供がいないため、父と母が第二順位の相続人となる。

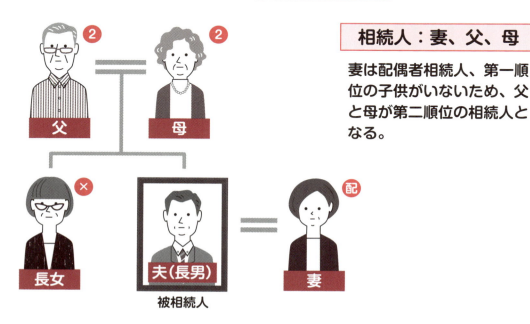

第三順位の相続人は？

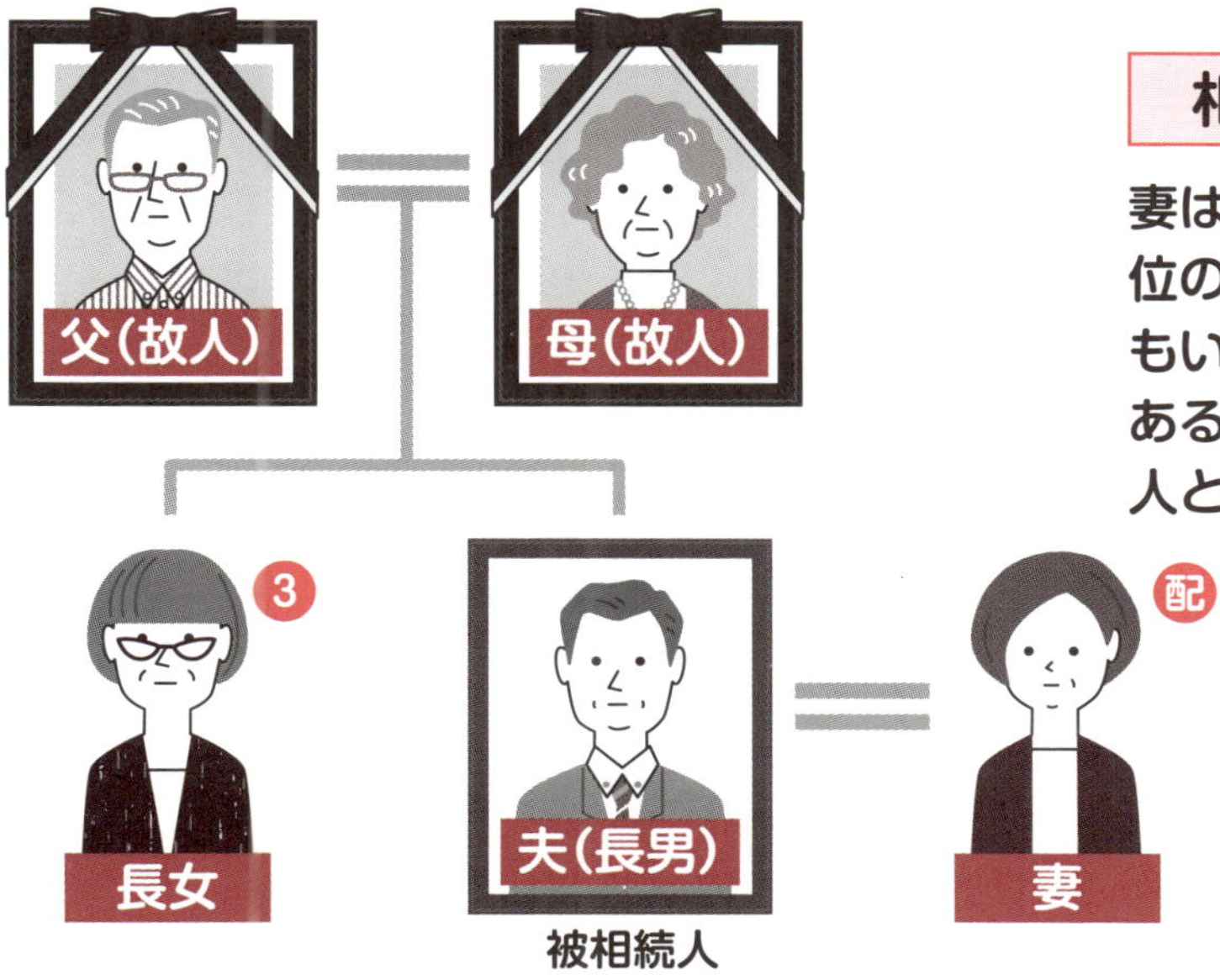

相続人：妻、長女

妻は配偶者相続人、第一順位の子供も第二順位の父母もいないため、夫の兄妹である長女が第三順位の相続人となる。

養子縁組と代襲相続

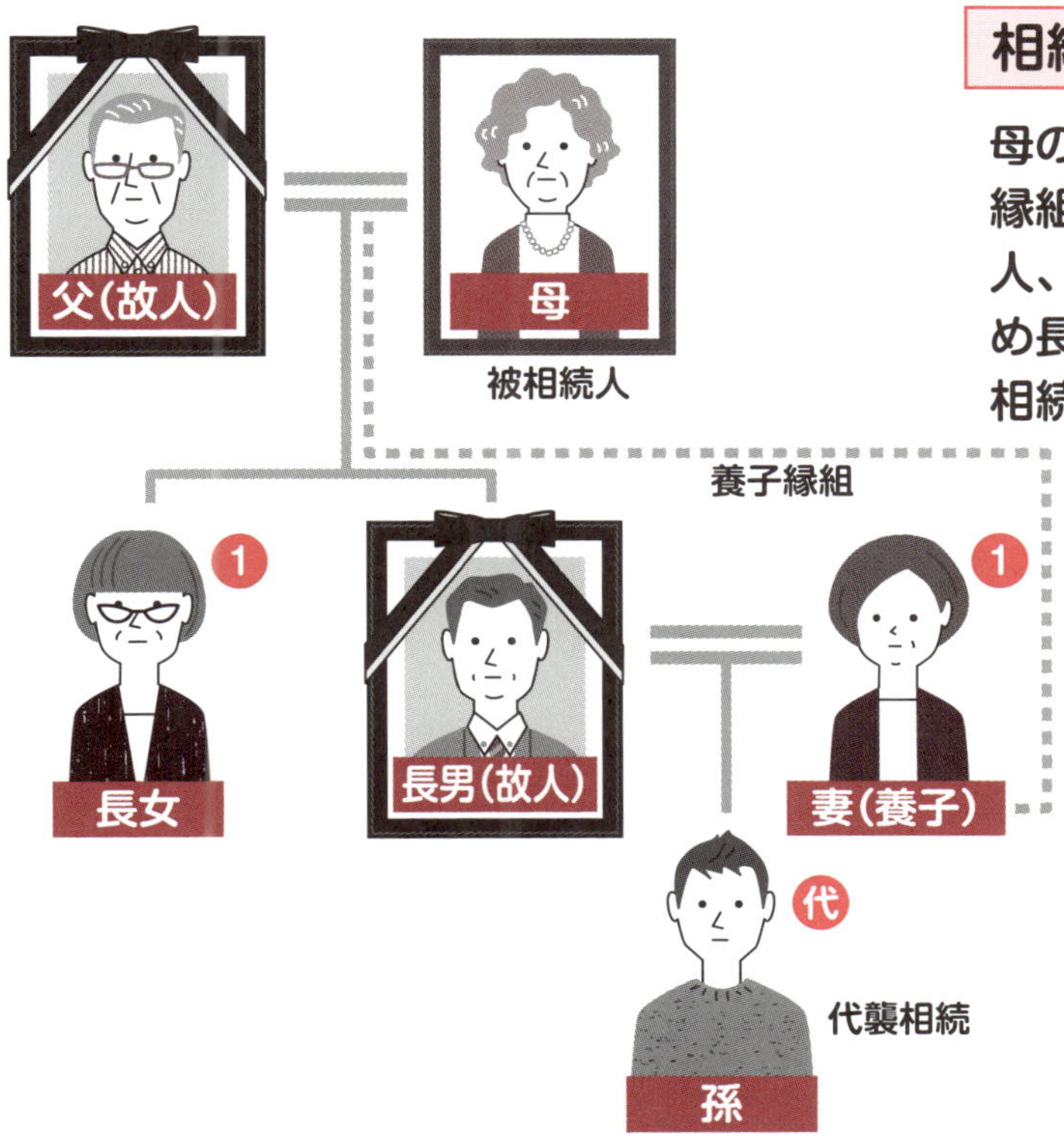

相続人：長女、妻、孫

母の実子である長女と養子縁組の妻が第一順位の相続人、長男が他界しているため長男に代わって孫が代襲相続人となる。

2 相続する財産の割合は民法で決められている

遺言書がある場合、ない場合

被相続人が亡くなると、相続人の確定が必要になります。誰がどの財産をどれだけ相続するのかを決める必要があるからです。遺言書があれば、財産は遺言書に基づいて相続人に分けられることになります。

遺言書があっても、相続人全員で話し合いがつけば、それに基《もと》づいて財産を分けることもできます。

遺言書がなければ、相続人の間で話し合って財産を分けることになります。これを、遺産分割協議といいます。

遺言書がなく相続人の間で話し合いがつかないときは、民法で決められている相続分（法定相続分といいます）に従って財産を分けることになります。

民法で法定相続分を決めているのは、相続人間で話がつかなかった場合で、民法の通りに分割しなさいというわけではありません。できることなら、相続人の間でお互いが納得できるまで話し合いで決めるのが望ましい形といえます。

民法では、どのように相続分が決められているかお話ししていきたいと思います。法定相続分は、どの順位の相続人が相続するかで財産の取り分が変わってきます。

第一順位の相続人の場合：配偶者が2分の1、子どもが2分の1、子どもが数人いる場合は、2分の1を人数分で分けることになります。

第二順位の相続人の場合：配偶者が3分の2、父または母が3分の1、両親とも健在の場合は、3分の1を分け合うことになります。

第三順位の相続人の場合：配偶者が4分の3、兄弟姉妹が4分の1、兄弟姉妹が数人いる場合は、4分の1を人数分で分け合うことになります。

代襲相続人の相続分：その上位者が相続しようとした相続分となります。たとえば、孫が相続する場合、被相続人の子どもの相続分をそのまま受け継ぐことになります。

民法で定める相続分

第二順位の相続人の場合

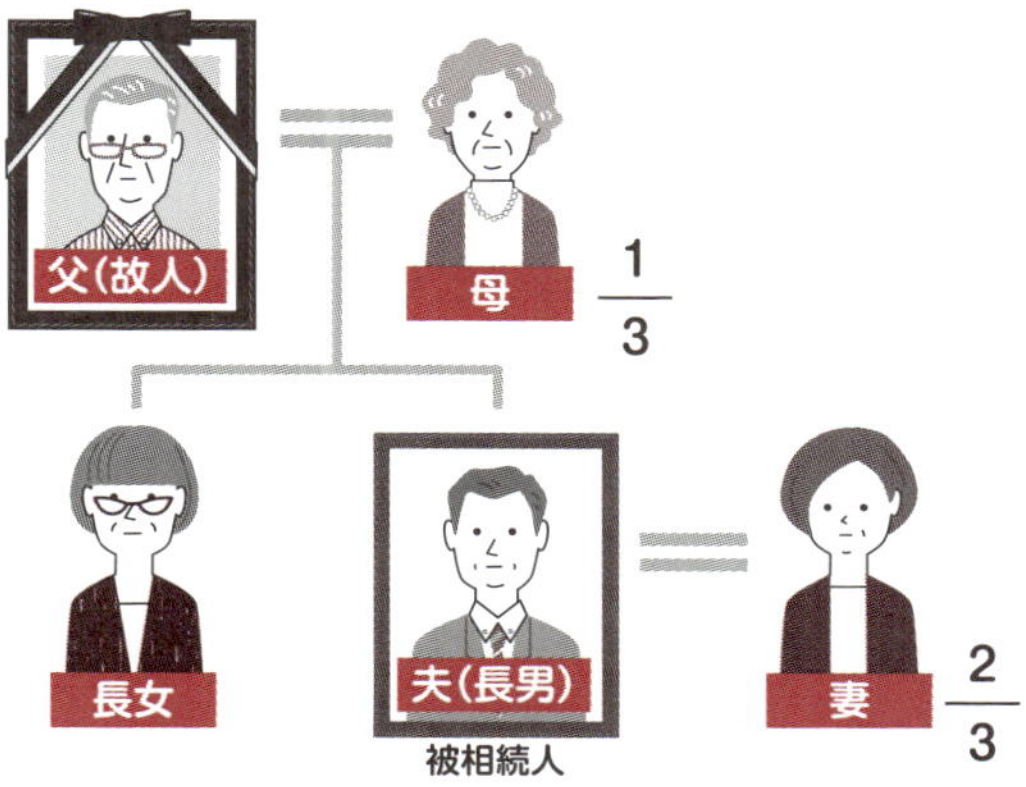

配偶者相続人である妻が３分の２、残り３分の１を第二順位の相続人である父母が分けることになる。父はすでに他界しているため、母が３分の１を相続することになる。

第一順位の相続人の場合

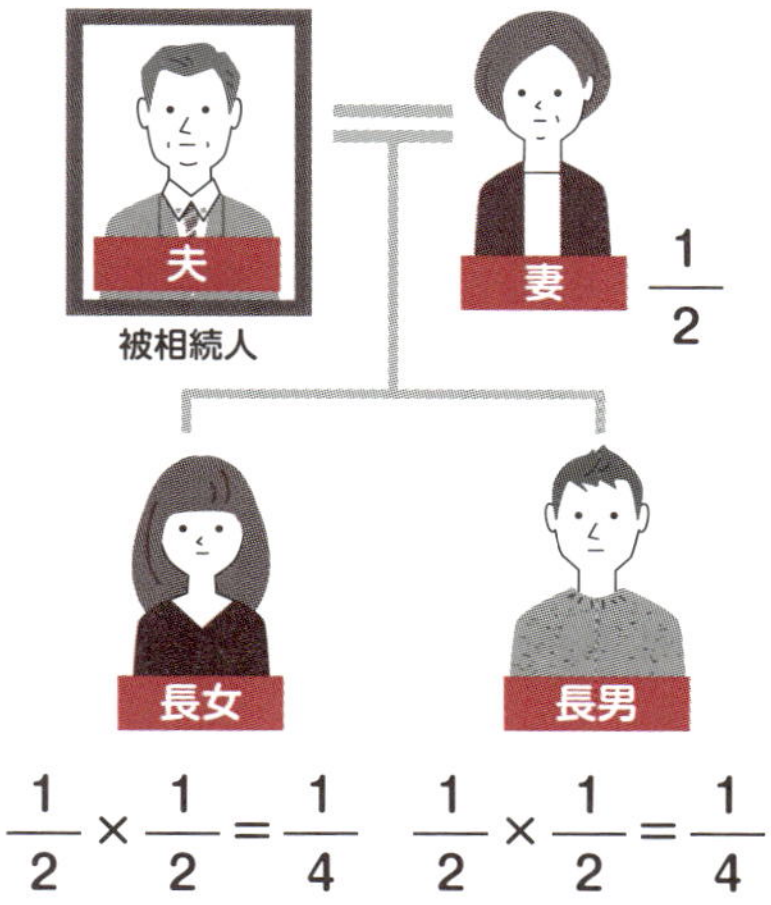

配偶者相続人である妻には２分の１、第一順位の子供たち（長男・長女）は残りの２分の１を２人で分けあうため、それぞれ４分の１を相続することになる。

代襲相続人の相続分

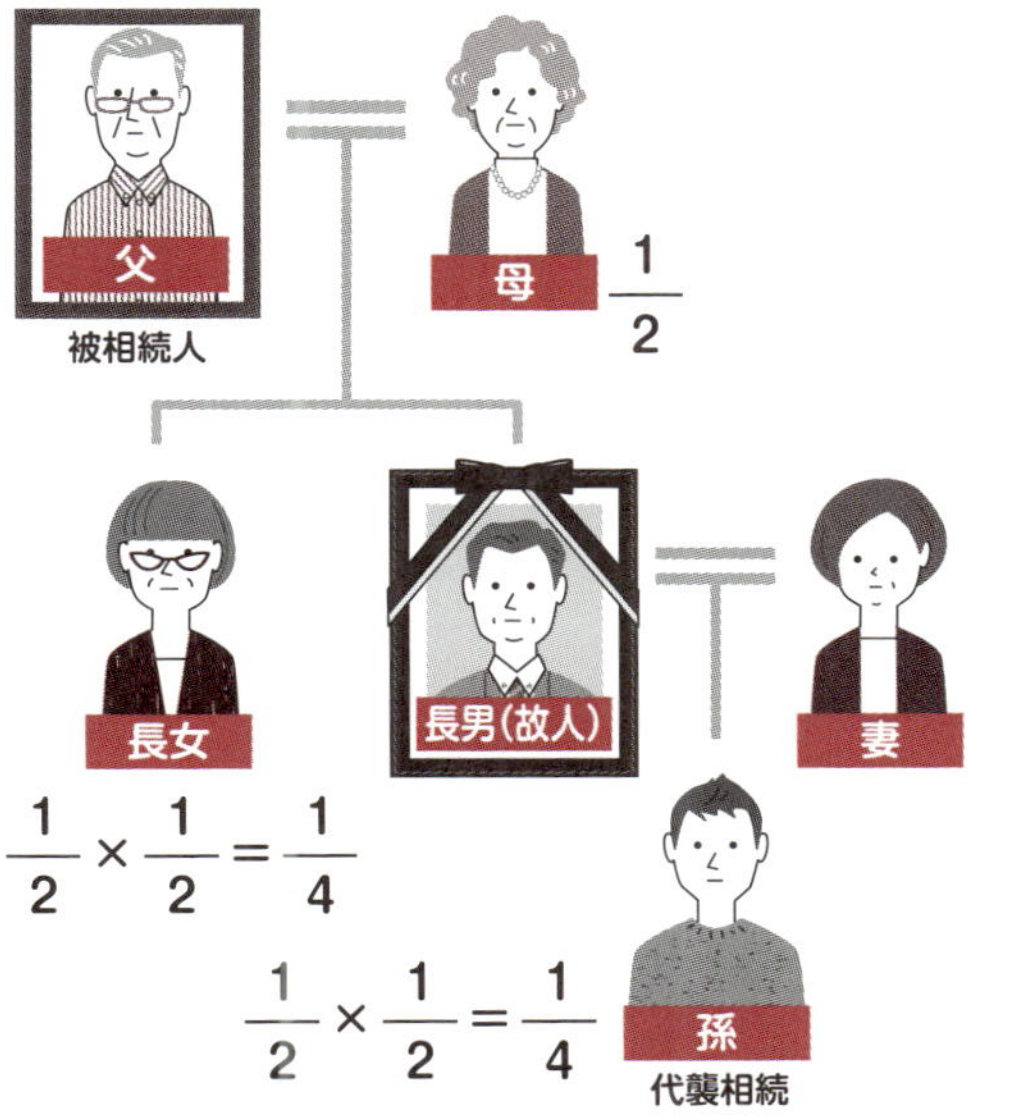

配偶者相続人である母が２分の１、残りの２分の１を第一順位の相続人である長男と長女が半分ずつ分けることになるが、長男はすでに他界しているため、孫が長男に代わって代襲相続することになる。

第三順位の相続人の場合

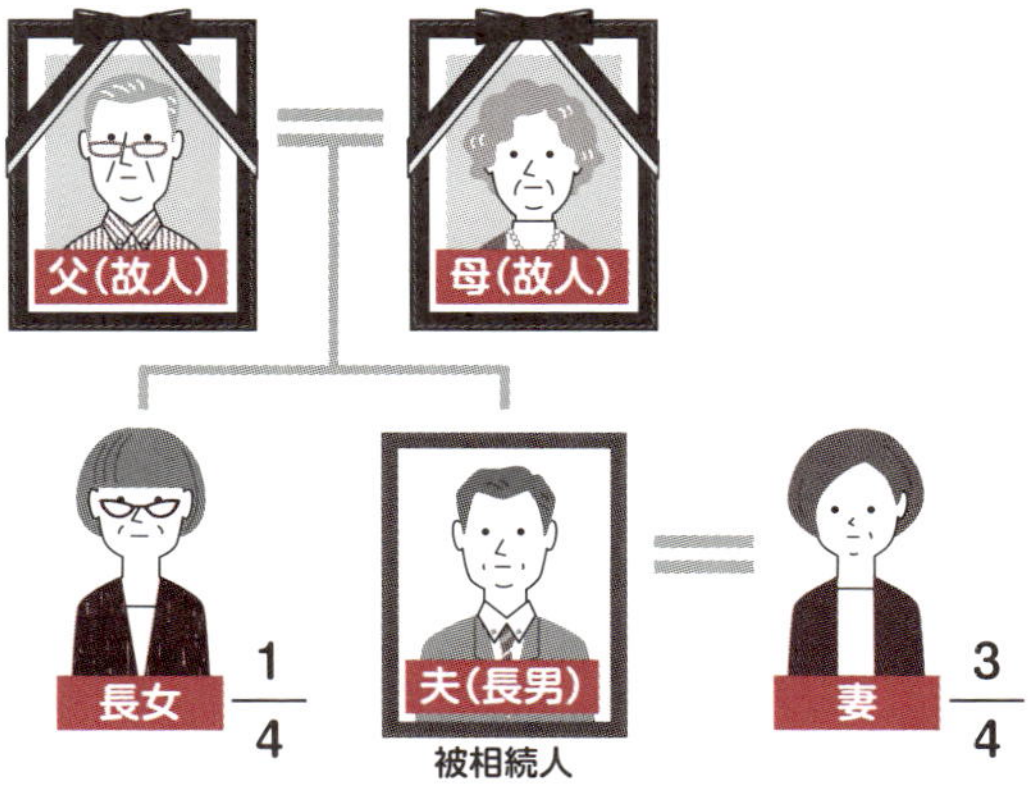

配偶者相続人である妻が４分の３、残り４分の１を第三順位の相続人である長女が相続することになる。

財産の配分は!?

◆遺言書がある場合

1．財産の配分は被相続人の遺言で自由に分けられる
2．遺留分は侵せない（※遺留分については28ページ参照）
3．遺言書があっても相続人の間で話し合いで分けることもできる

◆遺言書がない場合

1．相続人の間で話し合いで決める
2．相続人の間で話し合いで決まらない ➡ 民法の規定による

司法統計によると、遺産分割で裁判となった割合は遺産5,000万円以上が25%、1,000万円以上～5,000万円以下が43%、1,000万円以下が32%となっています。「我が家は相続財産がないから揉めることはない」ということはありません。ですから、遺言書の重要性が高まっています。ちなみに、5,000万円を超えると相続争いが少なくなる傾向があります。というのは、相続財産が多くなると大抵「遺言書」が遺されているからなのです。

養子には二種類ある

養子とは、法律上親子関係のない者同士を、法律上親子関係があるものとすることをいいます。養子縁組には普通養子縁組と特別養子縁組の二種類があります。

普通養子縁組：養子が実親（もともとの親）との親子関係を存続したまま、養親（養子先の親）との親子関係をつくるという二重の親子関係となる縁組のことをいいます。この場合の養子を普通養子といいます。

特別養子縁組：養子と実親（もともとの親）との親子関係を消滅させ、養親（養子先の親）との親子関係をつくる縁組のことをいいます。養子は、養子縁組をした日から養親（被相続人）の嫡出子《ちゃくしゅつし》（法律上の婚姻関係にある夫婦間に生まれた子）としての身分を取得します。ちなみに、養子は叔父や叔母など上の世代の親族や、年長者などは養子にすることはできないことになっています。特別養子の養親の年齢は、満25歳以上の夫婦で共に養親となる必要があり、養子の年齢は6歳未満で、実父母の同意と家庭裁判所の審判が必要となります。

なお、戸籍には養子の明記はされません。

祖父が孫を養子とした場合

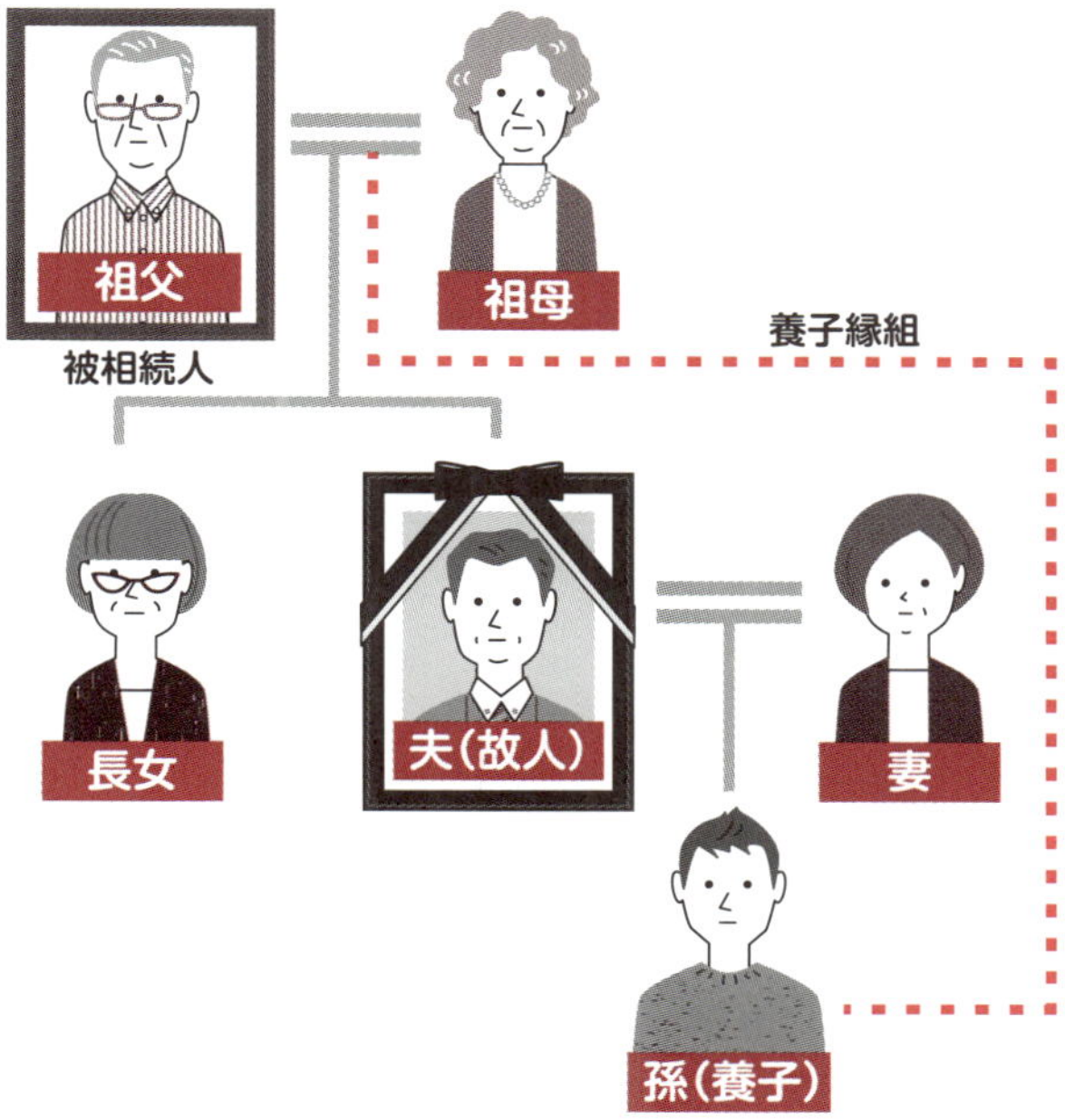

相続人：祖母、長女、孫

祖母の相続分

$$\frac{1}{2}$$

長女の相続分

$$\frac{1}{2}\times\frac{1}{3}=\frac{1}{6}$$

孫の相続分

$$\frac{1}{2}\times\frac{1}{3}+\frac{1}{2}\times\frac{1}{3}=\frac{2}{6}=\frac{1}{3}$$

祖父が死亡した場合、養子となった孫は、養子としての相続分と、夫（父）がすでに亡くなっているので夫（父）の代襲相続人としての相続分を合わせて取得することができる。

父が妻（嫁）を養子とした場合

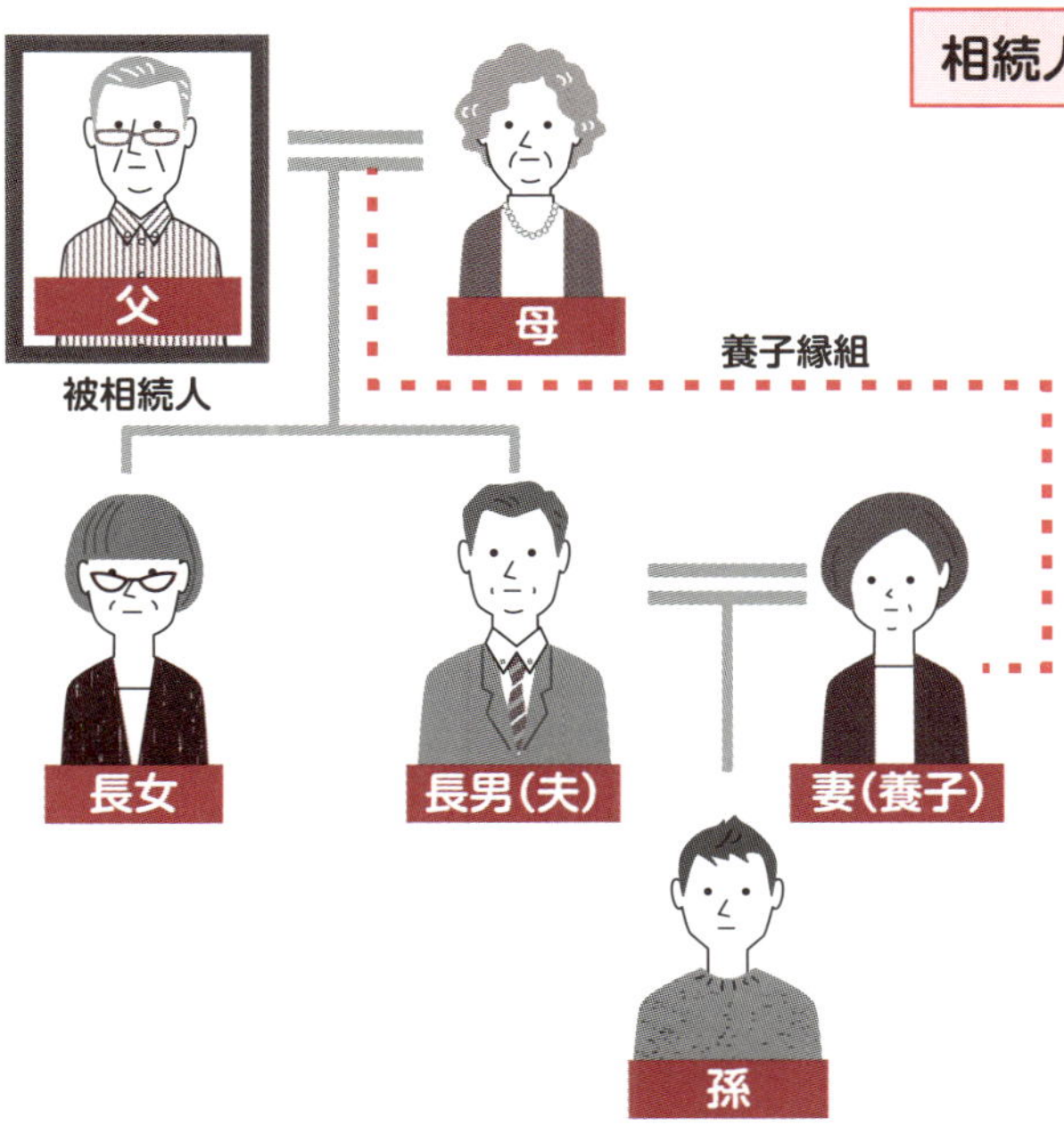

相続人:母、長女、長男（夫)、妻（嫁)

母の相続分

$$\frac{1}{2}$$

長女の相続分

$$\frac{1}{2}\times\frac{1}{3}=\frac{1}{6}$$

長男（夫）の相続分

$$\frac{1}{2}\times\frac{1}{3}=\frac{1}{6}$$

妻（嫁）の相続分

$$\frac{1}{2}\times\frac{1}{3}=\frac{1}{6}$$

父が死亡した場合、妻（嫁）は養子となっているので、第一順位の相続人である長女、長男（夫）と同額の相続を受けることができる。

配偶者の連れ子と養子縁組した場合

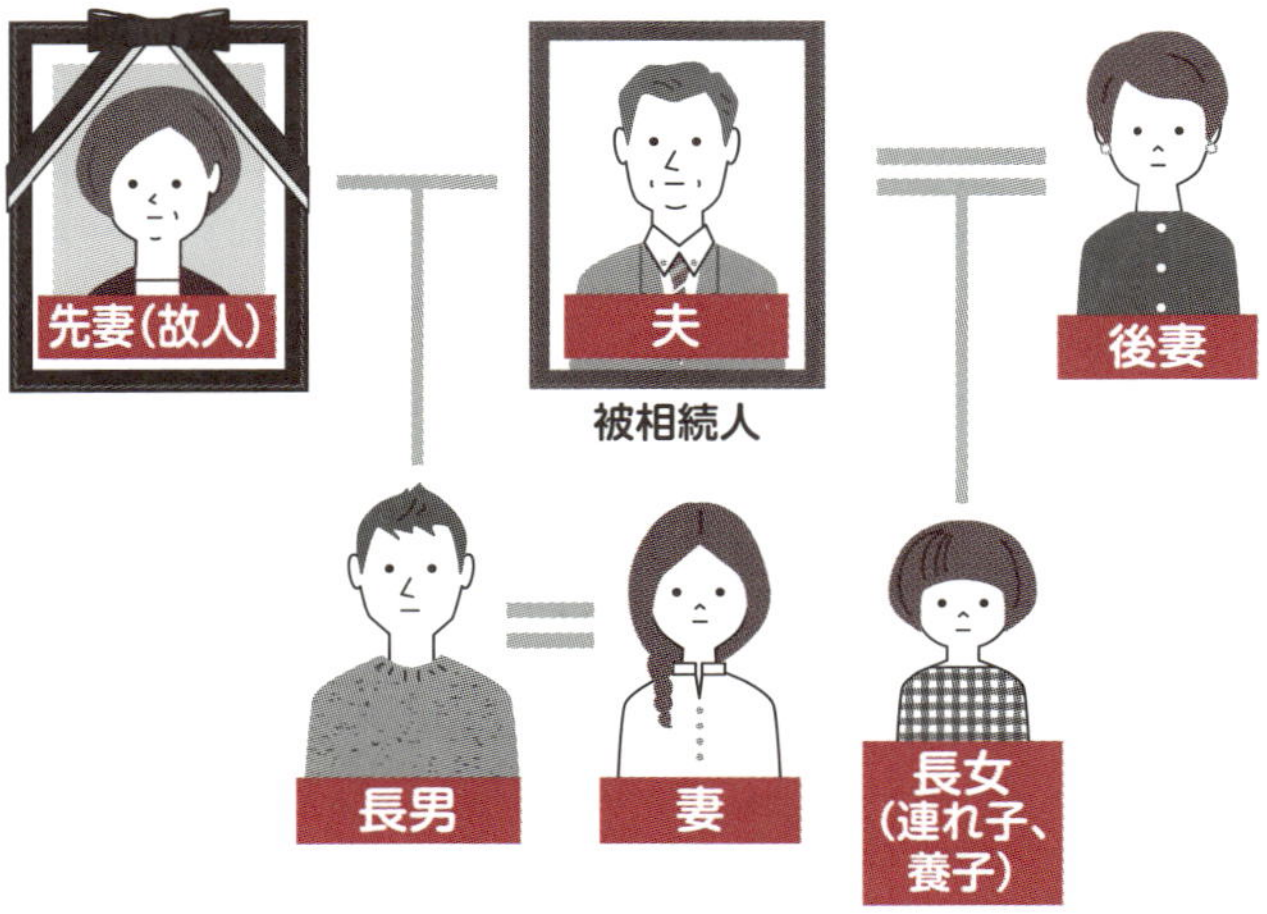

相続人：後妻、長男、長女

後妻の相続分

$\frac{1}{2}$

長男の相続分

$\frac{1}{2} \times \frac{1}{2} = \frac{1}{4}$

長女(連れ子)の相続分

$\frac{1}{2} \times \frac{1}{2} = \frac{1}{4}$

養子縁組した配偶者の連れ子の相続分は、実子（嫡出子）としての身分を有するので、第一順位の相続分で計算する。実子が２人以上の場合、相続分の２分の１を人数分で分けることになる。

先妻と後妻の間にそれぞれ子供がいる場合

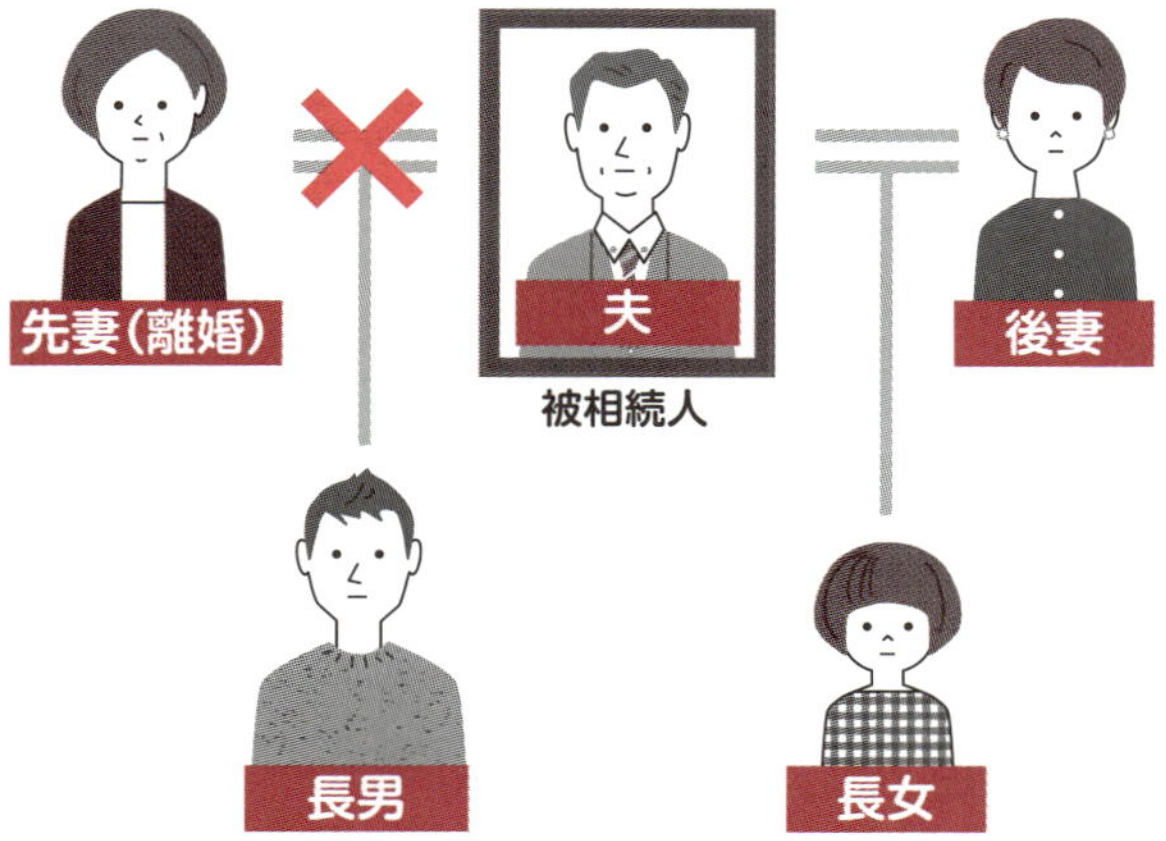

相続人：後妻、長男、長女

後妻の相続分

$\frac{1}{2}$

長男の相続分

$\frac{1}{2} \times \frac{1}{2} = \frac{1}{4}$

長女の相続分

$\frac{1}{2} \times \frac{1}{2} = \frac{1}{4}$

先妻との子供と後妻との子供に、相続上の優劣は生じない。、よって、どちらの子供も遺産を均等に相続することになる。離婚した先妻に相続権はない。

養子縁組のメリット

養子縁組のメリットは、養子縁組をすることで法定相続人が増えるため養子1人につき相続税の基礎控除額が600万円増えること、また、被相続人の死亡時に受け取る生命保険金や退職手当金の非課税額がそれぞれ500万円増えること、それにより相続税の累進税率が下がることにあります（※基礎控除額や非課税額については第二章参照）。

養子縁組の数には制限がある

過去に節税目的で養子縁組をして法定相続人を増やし、相続税を軽減するケースが目立ったため、相続税を計算する場合の養子の数に制限が設けられました。普通養子縁組の場合、実子がいれば養子1人まで、実子がいなければ養子2人まで認められます。ちなみに民法上は養子が何人いても数に制限はありません（※71ページにて詳述）。

妻と別居中の状況でも財産を分けなければいけない

別居中・離婚係争中の妻、そういう妻に一銭も渡したくないというのが人の心情ではないでしょうか。しかし、婚姻期間や別居期間の長短は問わず、夫婦が別居中・離婚係争中であっても、離婚届が出されてない限り配偶者の相続権はなくなりません。

婚姻関係が継続している限り、死亡した配偶者の相続において妻は当然に相続人として扱われます。妻に内縁関係の夫がいたとしても妻の相続権に影響はありません。

こういった別居や離婚係争中の場合、相手方に相続させたくない、相続させる財産を少しでも減らしたいと考えるでしょう。そういったときは遺言で対処することができます。遺言書は、被相続人が自分の財産を処分する権利を行使する最良の方法です。ただ、遺留分には注意する必要があります（※遺留分については28ページで詳述）。

息子と嫁が離婚したら嫁との養子縁組を解消する

息子の父母が息子の嫁と養子縁組後、息子と嫁が離婚した場合、離婚届を出すことで養子縁組が解消されたわけではありません。なぜなら養子縁組をしたのは、息子の親と息子の嫁だからです。

もし、夫婦双方で息子の嫁と養子縁組をしていたら、息子の離婚と同時に夫婦そろって養子縁組解消の手続きをする必要があります。父親または母親の一方が養子縁組を解消しても、片方の縁組は解消されたことにはなりません。

養子縁組を解消しない場合、別れた嫁に財産が渡ることで相続が〝争続〟になる可能性があります。息子と別れた嫁が父母と仲がいい場合は、遺言書で財産分けをするのが好ましい対処の仕方と考えます。

再婚した相手の連れ子に相続権は?

再婚した相手は、婚姻届が出ていれば当然に配偶者相続人となります。従って、常に相続人となるので、法定相続分は相続できます。

では、配偶者の連れ子に相続権があるかというと、血縁関係が何もありませんから相続権はありません。

配偶者の連れ子に相続権を与えるには、養子縁組をする必要があります。配偶者の連れ子を養子縁組した場合、連れ子の養子は法定相続人の数に制限はありませんし、基礎控除や生命保険金の非課税額の控除が受けられることになり、相続税が少なくなります。

父母が息子(長男)の嫁と養子縁組後、息子が嫁と離婚した場合

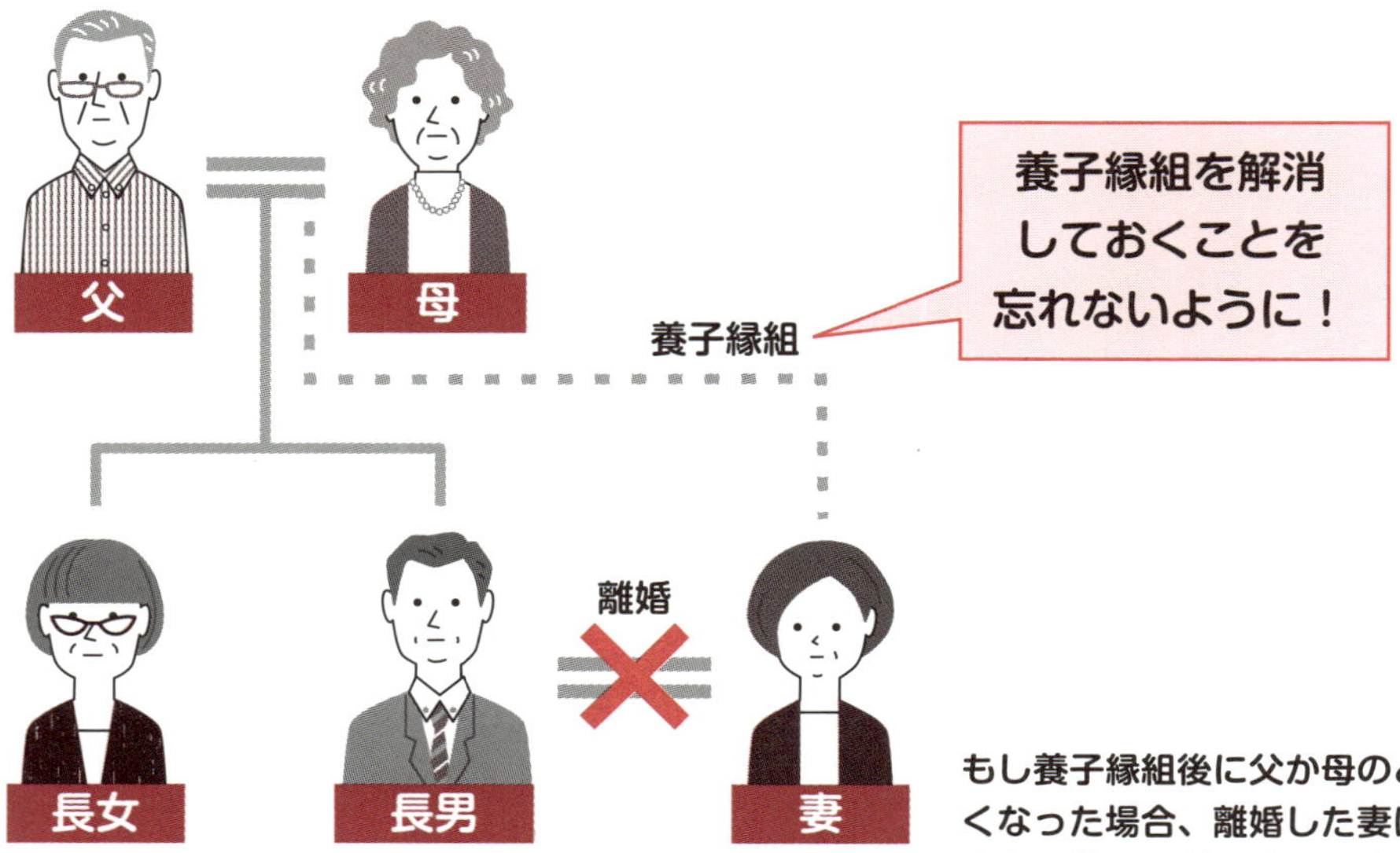

もし養子縁組後に父か母のどちらかが亡くなった場合、離婚した妻は、長女や長男と同等の、第一順位の相続人となる。養子縁組を解消していれば、離婚した妻は相続人にはならない。

ちなみに、養子縁組していない連れ子に財産を取得させるには、遺言する必要があります。

再婚者と離婚した場合、連れ子と養子縁組を解消しておくことを忘れない

離婚した相手の連れ子を養子にしていた場合、連れ子の面倒をそのまま見ている場合は何も問題ありませんが、離婚した相手と連れ子が一緒に出て行った場合は、養子縁組解消の手続きをとっておく必要があります。

というのも、離婚したからといって養子縁組が解消されたわけではないからです。

事実婚の妻に財産を分けるには？

私のもとに次のようなご相談がありました。

《いつの間にか一緒に暮らし始めた女性ともう20年近い関係になります。生活をしていく上で何の不便も不自由も感じなかったため籍を入れずに時は過ぎ、50歳の声を聞き始めてこのままでいいのだろうかと考えるようになりました。

気になるのは自分が死んだ後の妻（事実婚）の生活です。

私には兄弟が2人いて、このまま死を迎えると財産は兄

事実婚の妻に財産を分けるには？

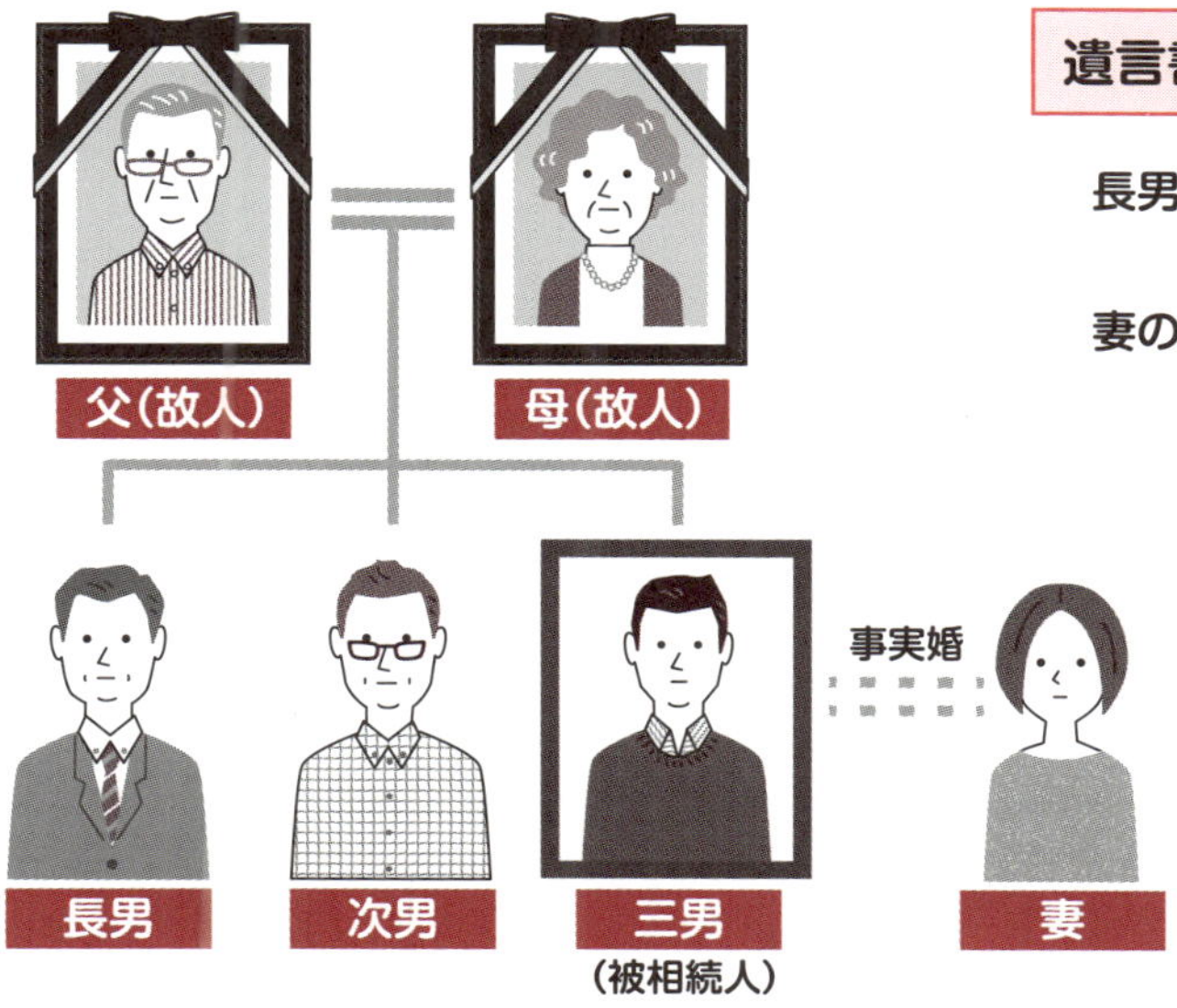

遺言書なし　相続人：長男、次男

長男の相続分 $\frac{1}{2}$　次男の相続分 $\frac{1}{2}$

妻の相続分　0

遺言書あり「全財産を事実婚の妻に遺贈する」相続人：妻

妻の相続分 $\frac{1}{1}$

長男の相続分　0

次男の相続分　0

民法上、事実婚の妻は配偶者相続人と認められない。事実婚の妻に財産を遺すには、遺言書で書き遺す必要がある。

弟に渡ってしまい、万が一、妻が家を追い出されることにでもなれば、その後の妻の生活は成り立たなくなってしまいます。どうしたらいいでしょうか？》

この場合に必要な手立ては、遺言書を書くことです。遺言書がなければ、妻には何の財産も渡すことができませんが、遺言書に「遺言者の所有する全財産を妻に遺贈する」旨を書けばいいのです。

兄弟姉妹には遺留分の請求ができないので、遺言書を書くことで全財産が事実婚の妻へ渡ることになります。

事実婚の税制上のデメリット

贈与税の配偶者控除の適用を受けられない

婚姻期間が20年以上の夫婦の場合、居住用不動産の贈与、または居住用不動産を取得するためのお金を贈与する場合2000万円まで贈与税がかからない「贈与税の配偶者控除」（※110ページで詳述）の適用を受けることができますが、事実婚の妻には適用できません。

配偶者の税額軽減の制度が使えない

婚姻関係にある配偶者には、法定相続分または1億6000万円までの遺産額に対して相続税が課税されないという税制上の優遇措置（※124ページで詳述）がありますが、事実婚の妻にはその適用がありません。

相続税に2割加算される

事実婚の妻が遺贈によって財産を取得した場合には、相続税額に2割が加算されるので、相続税を余計に納めることになります（※2割加算の対象者については37ページで詳述）。

愛人との間に子どもが……認知と非認知

私のもとに次のようなご相談がありました。

《妻との間に長女、そして婚姻関係はないが夫婦同然の女性との間に長男（認知済み）がいます。私が死んだ場合、長女と同じように、婚姻関係がない女性との間の長男にも財産を相続させることができるか心配です。どうしたらいいでしょうか？》

このような家庭の場合、婚姻関係のある妻との間に生まれた長女を嫡出子、愛人との間に生まれた長男を非嫡出子と言います。現在の民法では、嫡出子、非嫡出子を問わず平等に財産を相続することができます。

愛人との間の子を認知済みの場合

相続人：妻、長女、長男

妻の相続分

$\frac{1}{2}$

長女の相続分

$\frac{1}{2} \times \frac{1}{2} = \frac{1}{4}$

長男の相続分

$\frac{1}{2} \times \frac{1}{2} = \frac{1}{4}$

愛人に相続権は生じないが、認知済みの愛人との間の子は実子としての扱いを受けるので、この場合の長男は第一順位の相続人となる。

しかし、もし愛人との間に生まれた長男を「認知」していなかった場合、愛人との間に生まれた長男に相続権はありません。財産を渡したい場合には遺言書を遺すしかありません。

遺言書には、「○○銀行○○支店の遺言者名義の定期預金（口座番号×××）の額を遺贈する」などと財産を特定し、トラブルにならないように作成します。

ちなみに、認知していない長男に財産を遺す方法として、長男に毎年お金を贈与して、長男を保険契約者、父親を被保険者、死亡保険金受取人を長男とする方法で財産を渡す方法（※88ページで詳述）もあります。

非嫡出子の相続分

平成25年12月5日の民法改正により、以前までは非嫡出子の相続分は嫡出子の相続分の2分の1でしたが、平成25年9月5日以後に開始した相続について嫡出子の相続分と同等となりました。ただ、係争中のものは、平成13年7月1日以後に開始した相続についても相続分の取り扱いは同等となります。

半血兄弟姉妹とは？

普通生活している上では問題にしていないことでも、こと相続に関しては血の繋がりは非常に大事な問題となります。

誰が相続人になるかは民法で決まっているとお話ししましたが、今日では結婚、離婚、再婚と人間関係が複雑になってきています。

民法では、兄弟を全血《ぜんけつ》兄弟姉妹と、半血《はんけつ》兄弟姉妹とに分けて考えています。

全血兄弟姉妹：父親と母親が同じである兄弟姉妹のこと。

半血兄弟姉妹：父・母どちらか一方だけを同じくする兄弟（異母兄弟・異父兄弟）のこと。たとえば、先妻の子と後妻の子の関係。

父親や母親が亡くなった場合の相続においては、全血であろうと半血であろうと、共同相続人である兄弟姉妹との間に相続分の区別はありません。しかし、被相続人に子どもがおらず、両親も既に亡くなってしまっている場合は、被相続人のすべての兄弟姉妹が同順位の相続人となります。

半血兄弟姉妹の場合

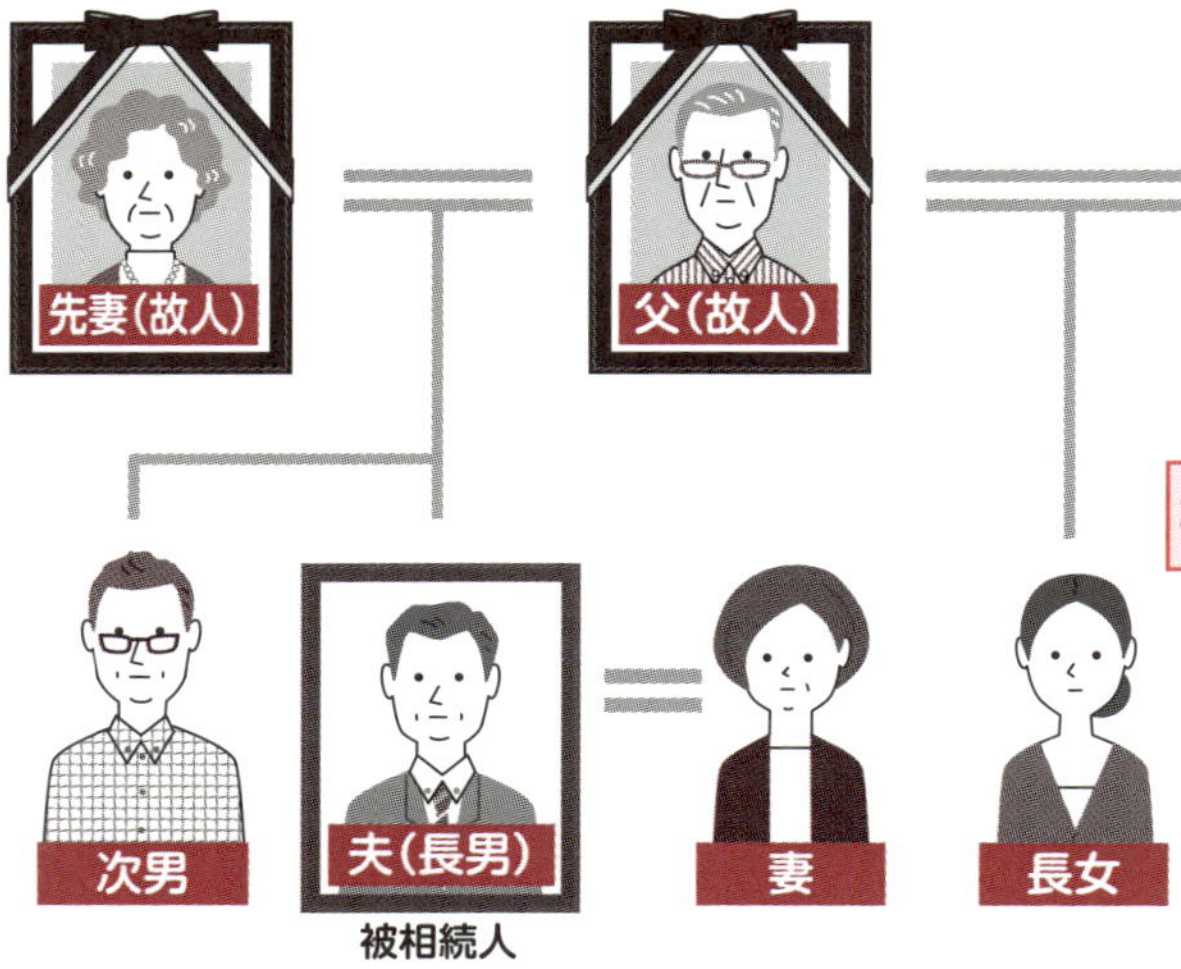

相続人：妻、兄弟姉妹（次男、長女）

妻の相続分

$$\frac{3}{4}$$

全血兄弟姉妹　次男の相続分

$$\frac{1}{4} \times \frac{2}{3} = \frac{2}{12} = \frac{1}{6}$$

半血兄弟姉妹　長女の相続分

$$\frac{1}{4} \times \frac{1}{3} = \frac{1}{12}$$

半血兄弟姉妹である長女の相続分は、全血兄弟姉妹である次男の２分の１となる。

この場合、全血兄弟姉妹と半血兄弟姉妹では相続する割合が異なり、この時の相続分は、半血兄弟姉妹は全血兄弟姉妹の2分の1となります。

このように相続分に違いはあるにしても、半血兄弟姉妹には相続権がないと思っている方がいらっしゃいますが、相続権のある半血兄弟姉妹が参加しない遺産分割協議は無効となるので注意が必要です。

●夫婦2人の相続財産の行方は？

最近は生活環境が変化してきたためか、性格の不一致などで抵抗なく離婚する人が増えています。2人ともバツイチで再婚、夫がバツイチで妻が初婚、また、子どもを作らない夫婦も増え家庭事情も様々です。

そんな中、子どもがいない夫が死亡した場合、夫の財産は妻と夫の両親が相続財産を承継することになります。両親が死亡している場合は、妻と夫の兄弟姉妹が相続財産を承継することになります。兄弟姉妹が死亡している場合は、兄弟姉妹の子（甥・姪）が代襲相続人となります。

父母はともかくとして、あまり行き来のない兄弟姉妹、ましてや甥・姪となると赤の他人も同然、そういった人に

子どもがいない夫が死亡した場合

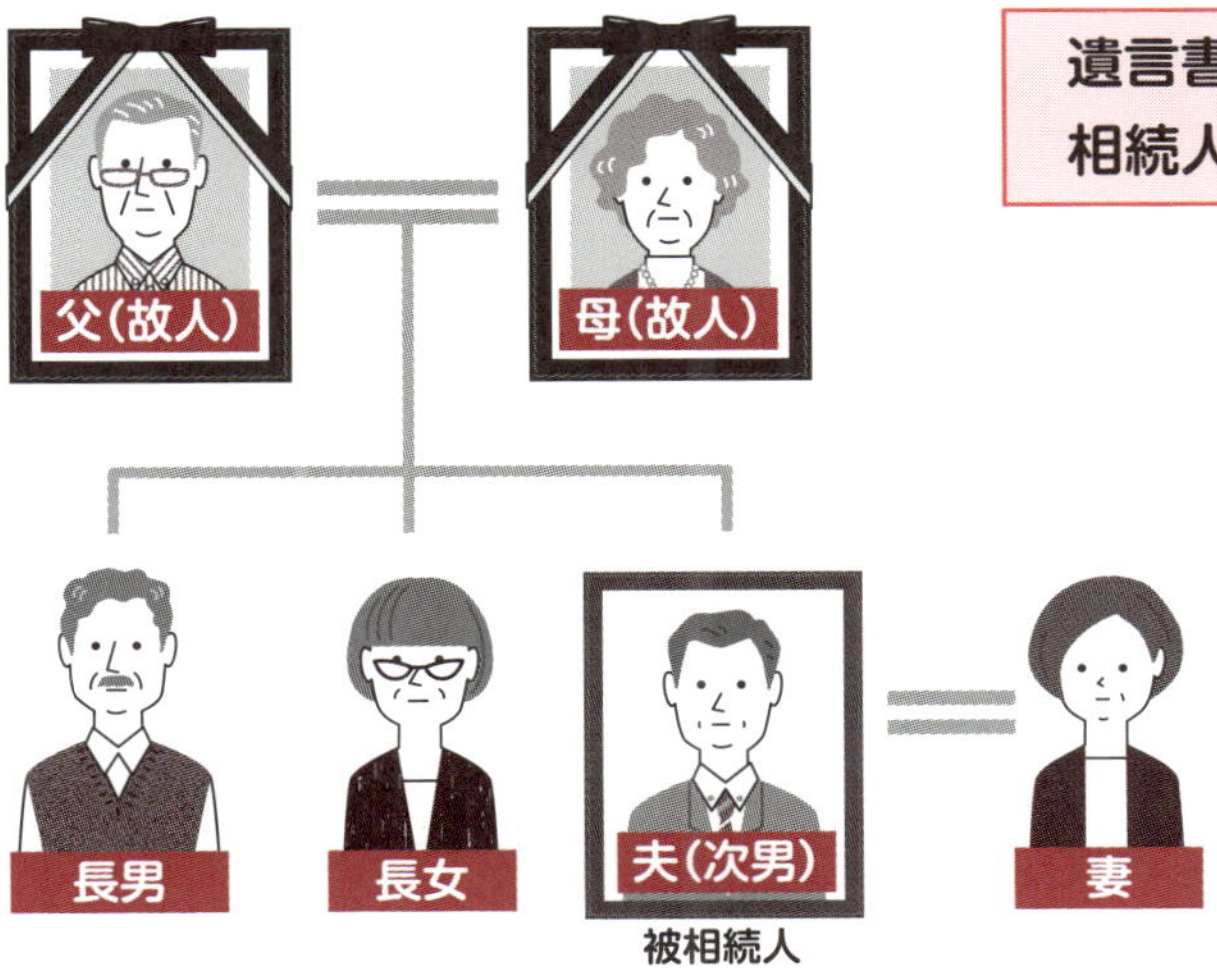

通常であれば配偶者相続人である妻に4分の3、兄弟姉妹に4分の1となるが、遺言書に「全財産を妻に相続させる」と書かれていれば、妻が全財産を相続することになる。

遺言書がない場合
相続人：妻、兄弟姉妹（長男、長女）

妻の相続分 $\frac{3}{4}$

長男（兄弟姉妹）の相続分
$\frac{1}{4} \times \frac{1}{2} = \frac{1}{8}$

長女（兄弟姉妹）の相続分
$\frac{1}{4} \times \frac{1}{2} = \frac{1}{8}$

遺言書がある場合
相続人：妻

妻の相続分 $\frac{1}{1}$

財産を渡すのは違和感をおぼえます。

妻と二人で築いた財産は全部妻に相続させたいというときは、遺言する必要があります。兄弟姉妹には遺留分の請求権がありませんから、遺言で「全財産を妻に相続させる」旨の遺言書を書いておけば、すべての財産が妻へ渡ることになります。もし、遺言書がないときは、法定相続分の4分の1は兄弟姉妹に財産が渡ることになります。

●亡夫に先妻が引き取った子どもがいる

このたび夫が死亡しました。夫と後妻の二人で築きあげた財産は、後妻との間に子どもがいないため後妻が2分の1、先妻の子どもが2分の1の財産を相続しました。

夫の財産を相続した後妻が死亡した場合、後妻が相続した全財産が後妻の兄弟姉妹に渡ることになります。しかし、後妻は夫と先妻との間の長男と仲がよく、また、夫からも長男に財産が渡るようにしてほしいと頼まれていたため、後妻は、「夫の長男に全財産を遺贈する」という内容の遺言書を書きました。

これで、後妻が死亡した場合には、兄弟姉妹には遺留分の請求ができないため、後妻の全財産が長男に遺贈される

夫の財産を相続した後妻が死亡した場合

相続人：兄弟姉妹（妹、弟）
遺言書：内容「全財産を長男に遺贈する」

兄弟姉妹（妹、弟）の相続分　0

長男の相続分：遺贈で取得する財産　$\frac{1}{1}$

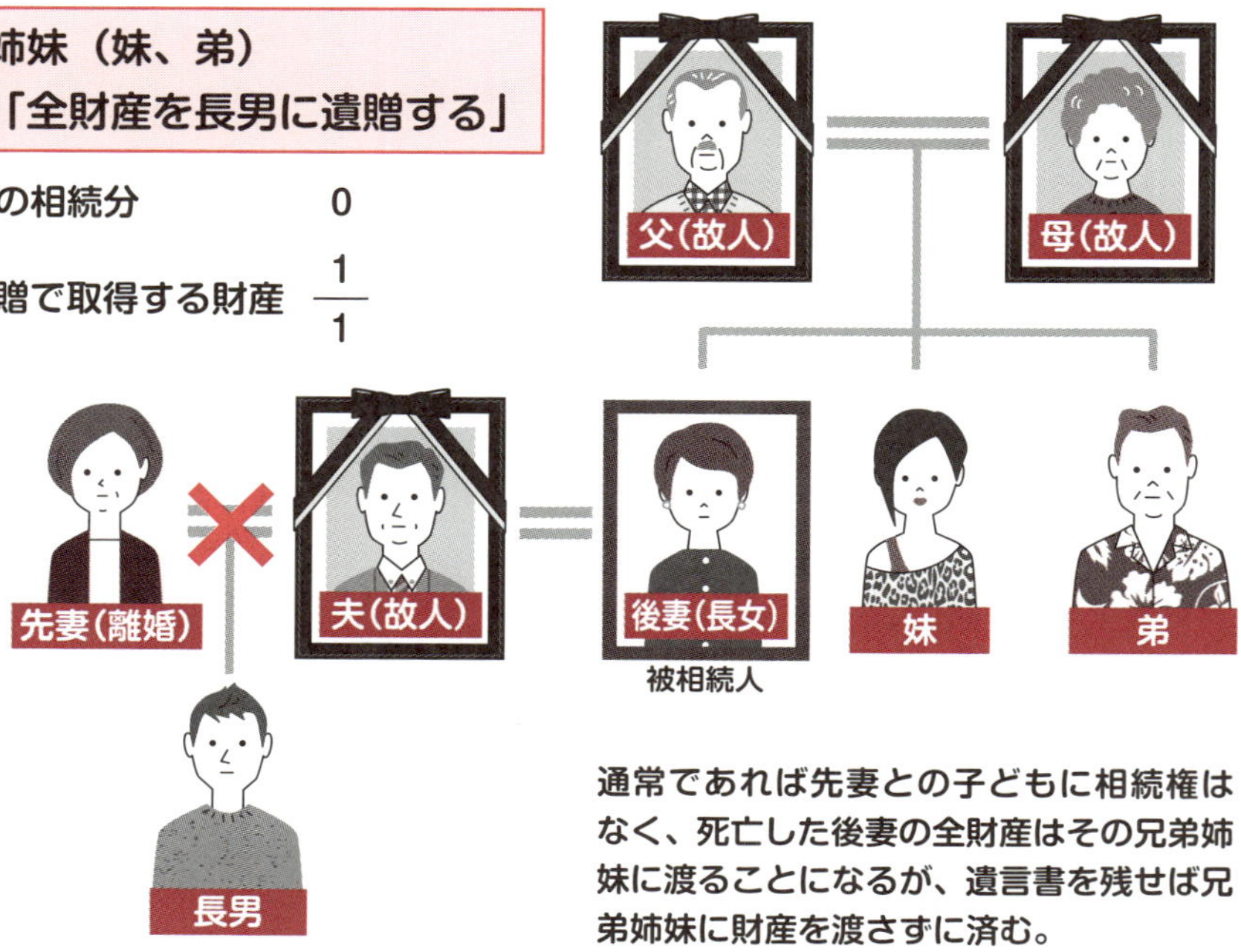

通常であれば先妻との子どもに相続権はなく、死亡した後妻の全財産はその兄弟姉妹に渡ることになるが、遺言書を残せば兄弟姉妹に財産を渡さずに済む。

ことになります。

ちなみに、長男が取得した財産に係る相続税は、長男は一親等の血族でないため、長男の相続税には2割の税金が余分に課せられることになります（※2割加算の対象者については37ページで詳述）。

●遺言書を書き直す必要がある場合

母は、長男の普段の素行が悪く、暴力を振るったり雑言を吐くことが我慢ならず、次男に全財産の4分の3を遺贈する旨の遺言書を書いていました。しかし、受遺者《じゅいしゃ》（遺言で財産をもらう人）である次男が母より先に亡くなってしまいました。

この場合、母の遺言書は受遺者がいなくなったことで無効となってしまいます。長男に遺留分程度の財産しか渡さないようにするには、次男の子どもである孫に対して再度、遺言書を書き直す必要があります。

遺言書を作成しない場合、長男と孫が母の財産をそれぞれ2分の1ずつ相続することになります。

母ができる限り長男に遺産を渡したくない場合

相続人：長男、孫
遺言書：なし

長男の相続分　$\frac{1}{2}$

孫の相続分　$\frac{1}{2}$

相続人：長男、孫
遺言書：「孫に全財産を遺贈する」

長男の相続分：遺留分

孫の相続分：
遺贈で取得する財産＝全財産－遺留分

母が長男にできる限り遺産を渡したくないならば、「孫に全財産を遺贈する」と遺言書を書けばよい。

※遺留分については28ページ参照

3 相続人には遺留分という権利がある

遺留分の権利者は？

遺留分《いりゅうぶん》とは、被相続人の兄弟姉妹以外の相続人に対して認められた相続財産の割合をいいます。

遺留分が保証されている相続人は、配偶者、子ども（または代襲相続人）、父母です。兄弟姉妹には遺留分は認められません。なお、遺留分はあくまで相続人に認められた権利であり、相続欠格者や廃除された人（※60ページ参照）、相続放棄をした人には遺留分は認められません。ただし、相続欠格や廃除された場合は、その者の代襲者が相続人となり、同時に遺留分権利者となります。

遺留分の割合

遺留分として請求できるのは、配偶者や子どもが法定相続人の場合は、相続財産の2分の1、法定相続人が親だけの場合は、相続財産の3分の1になります。

各人の遺留分の計算

妻の遺留分

$$\frac{1}{2} \times \frac{1}{2} = \frac{1}{4}$$

長男の遺留分

$$\frac{1}{2} \times \frac{1}{3} \times \frac{1}{2} = \frac{1}{12}$$

長女の遺留分

$$\frac{1}{2} \times \frac{1}{3} \times \frac{1}{2} = \frac{1}{12}$$

次女の遺留分

$$\frac{1}{2} \times \frac{1}{3} \times \frac{1}{2} = \frac{1}{12}$$

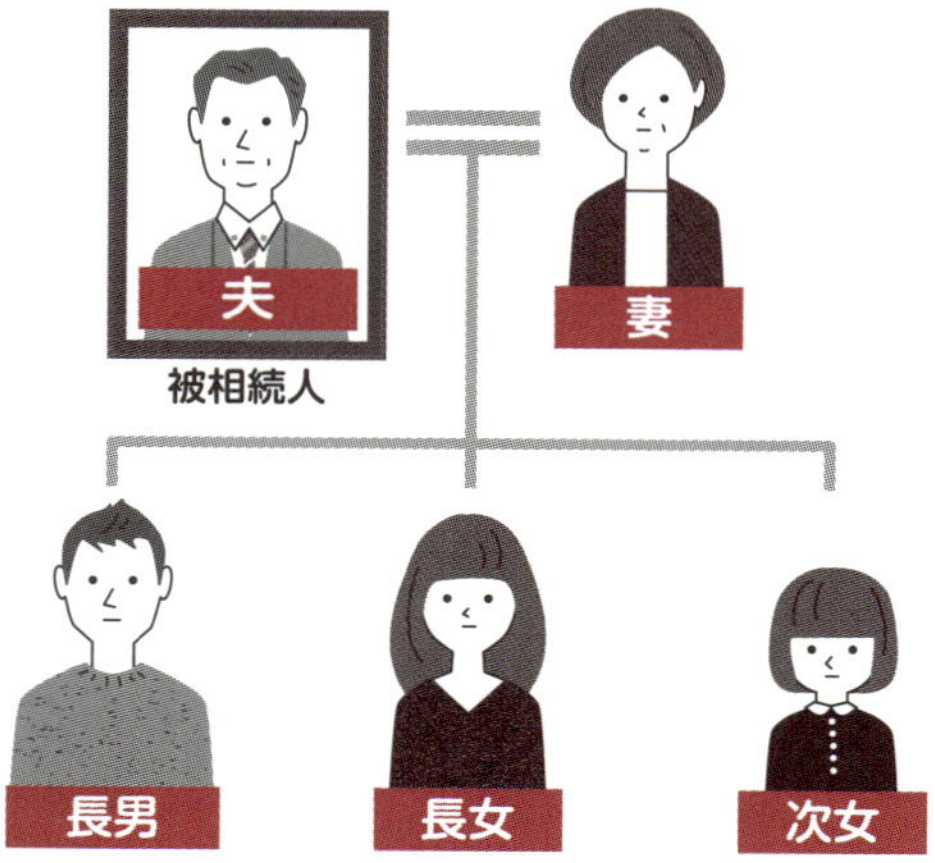

相続財産の２分の１が遺留分として認められる。夫がどんな遺言書を残していようと、２分の１は妻と子どもたちが相続する権利がある。配偶者である妻は、その内の２分の１（つまり全体の４分の１）、残りを子供たちで均等に分けることになる。

遺留分とは!?

遺産は遺言通りに分けるのが原則である

↓

しかし残された家族の生活を保障する必要がある

↓

相続人が最低限相続できる財産を取得するため

↓

「遺留分」という割合が決められている

遺留分の割合

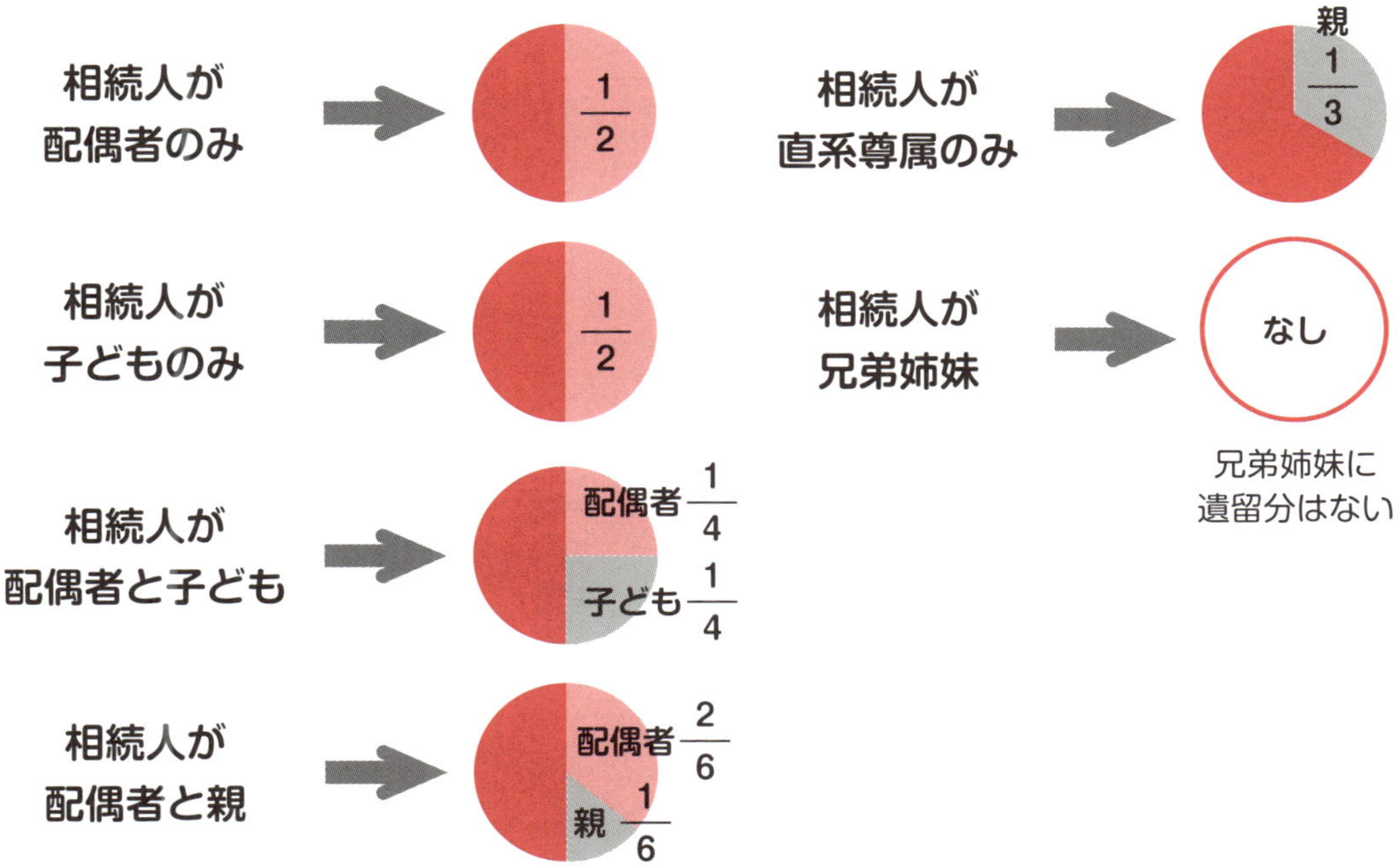

遺留分が侵害された財産を取り戻すには

愛人と暮らしていた夫が、「自分が死んだら、全財産を愛人にあげる」という遺言書を遺していました。

自分の財産はどのようにでも自由に処分することができるとしても、その基本は家族の応援があったればこそ築き上げた財産です。

遺言書があれば、遺言通りに分けることが亡くなった人の意思であり優先されるべきものとはいえ、遺言通りに財産を分けると、残された家族の生活は成り立たなくなることもあります。

取得した相続財産が実際に取得できる財産に満たない場合を、遺留分が侵害されているといいます。この場合、遺贈を受けた相手から遺留分相当額を取り戻すことを「遺留分の減殺請求」といいます。

遺留分の減殺請求の方法は特に決まりがないため、相手方に意思表示をすればよく、家庭裁判所に訴えを起こすといった面倒な手続きは必要ありません。ただ、減殺請求をいつどのような方法で意思表示したかを明確にしておくため、内容証明郵便などで行うのがよいとされています。

減殺請求に相手方が応じない場合は、家庭裁判所に調停の申し立てをすることになります。

なお、遺留分の減殺請求は、遺留分を侵害されていることを知った日から1年以内に行わなければなりません。何もしないで1年が過ぎてしまうと、時効によって権利が消滅してしまいます。

遺留分が請求できる財産の範囲

遺留分の対象となる財産の範囲は、死亡時の相続財産だけでなく相続開始前1年以内の贈与財産も遺留分の対象になります。この場合、法定相続人以外の誰に対する贈与であっても遺留分の対象財産に含まれることになります。

また、相続開始前1年を超える贈与財産で、財産を渡す側、受け取る側が遺留分を侵害することを承知の上で行われた贈与も遺留分の対象財産に含まれます。

遺贈する場合は、遺留分には十分注意して行うことをお勧めします。

夫が遺言書に「愛人に全財産を遺贈する」と遺した場合

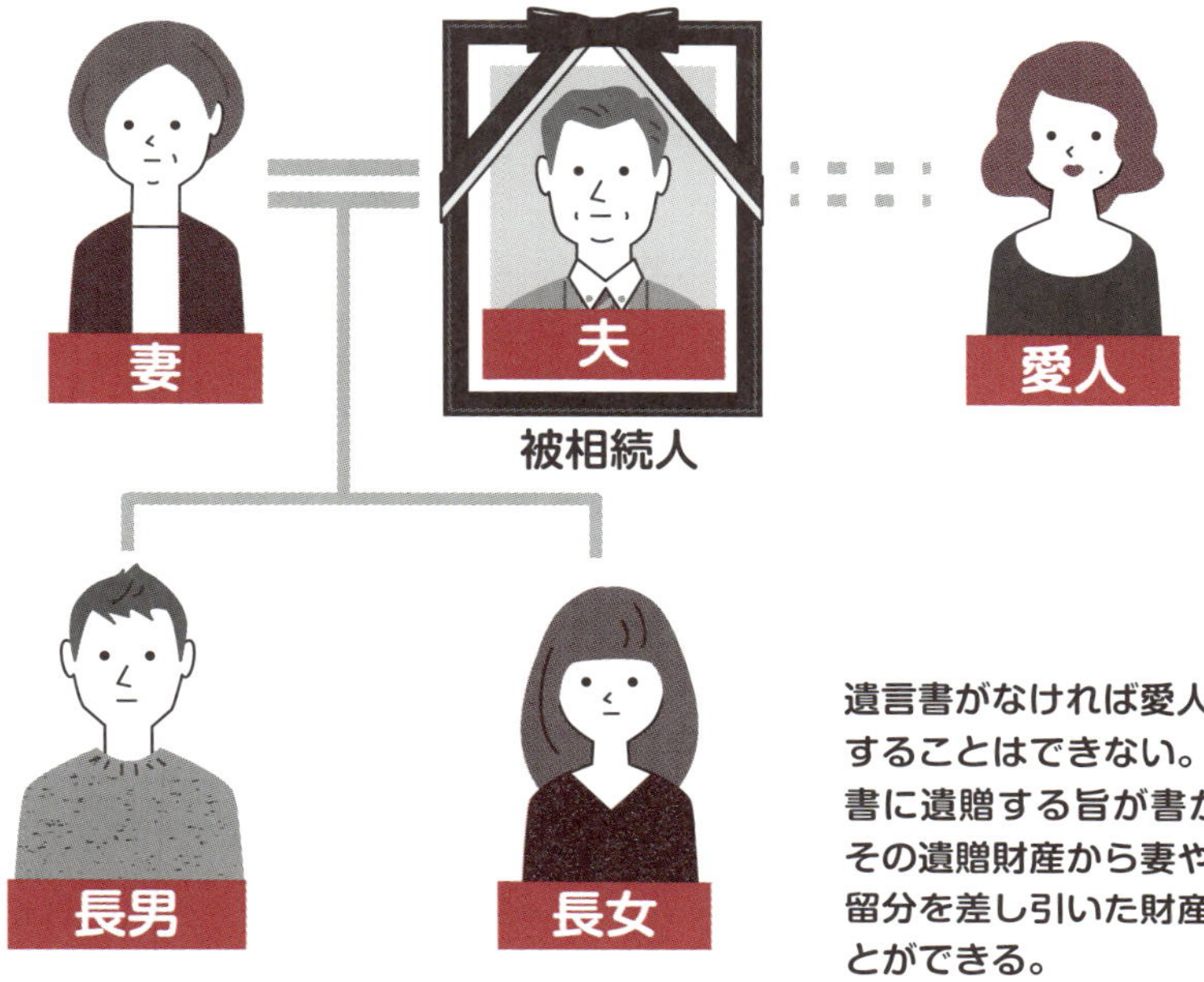

遺言書がなければ愛人が遺産を相続することはできない。しかし、遺言書に遺贈する旨が書かれていれば、その遺贈財産から妻や子供たちの遺留分を差し引いた財産を取得することができる。

相続人：妻、長男、長女
遺言書：なし

妻の相続分：$\frac{1}{2}$

子ども（長男、長女）の相続分：
$\frac{1}{2} \times \frac{1}{2} = \frac{1}{4}$

愛人： 0

相続人：妻、長男、長女
遺言書：「愛人へ全財産１億円を遺贈する」

妻の相続分：遺留分 $\frac{1}{2} \times \frac{1}{2} = \frac{1}{4}$

子ども（長男、長女）の相続分：遺留分
$\frac{1}{4} \times \frac{1}{2} = \frac{1}{8}$

愛人：遺贈財産－遺留分
$1 - \frac{1}{4} - \frac{1}{8} - \frac{1}{8} = \frac{1}{2}$

愛人に遺贈した全財産1億円の行方

	法定相続分	遺留分
妻	5,000万円	2,500万円
長　男	2,500万円	1,250万円
長　女	2,500万円	1,250万円
愛人が遺贈を受けた財産額	―	5,000万円

4 寄与分とはどんな制度？

相続財産を余分にもらえる

寄与分《きよぶん》とは、被相続人の長い病気療養生活を支えたり、認知症を患《わずら》い老後の面倒を長年にわたり看てきた相続人が、法定相続分のほか、貢献の度合いに応じた相続財産を余分にもらえる増加分のことです。

この「寄与分」が請求できるのは相続人だけで、相続権のない兄弟姉妹や子どもの妻（嫁）が同じ貢献をしても、寄与分として財産をもらうことはできません。

また、相続放棄した者、相続欠格者及び廃除された者（※60ページ参照）も寄与分を主張する資格はありません。

ただ、寄与分を請求できる人に該当するからといって、寄与分がもらえるとは限りません。なぜなら寄与分は相続人の間で話し合って決めるからです。ほかの相続人は、寄与分を認めるとその分、自分のもらえる財産が少なくなるため、簡単には認めないものです。

被相続人の病気やけがを
長年にわたり療養介護した

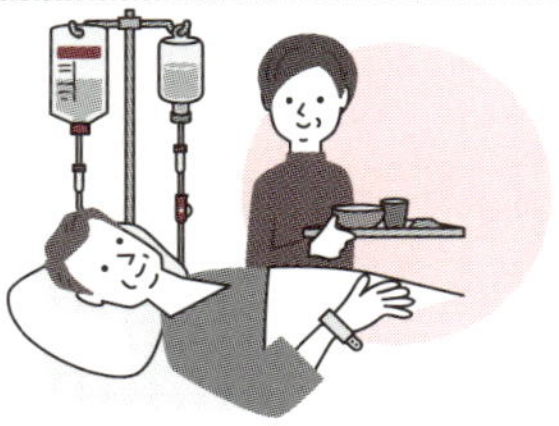

被相続人の医療費、
生活費を援助した

被相続人の老後の介護を
長年にわたり行った

被相続人の財産の維持や
増加に特別の貢献をした

被相続人の事業に関する
労務の提供をした

しかし、一生懸命面倒をみてきた相続人と、まったく面倒をみなかった相続人とが同じ相続分では不公平となります。

相続人の間で協議がまとまらないときは、相続人の請求によって家庭裁判所で決めてもらうことになります。

【事例】

下記の事例を見てみましょう。

被相続人は1億円の財産を残して死亡しました。相続人には、妻、長男、長女がいます。長女は、母が病弱なため会社を辞めて父の看護を10年間行ったため、1000万円の寄与分が認められました。

長女に寄与分が認められた場合

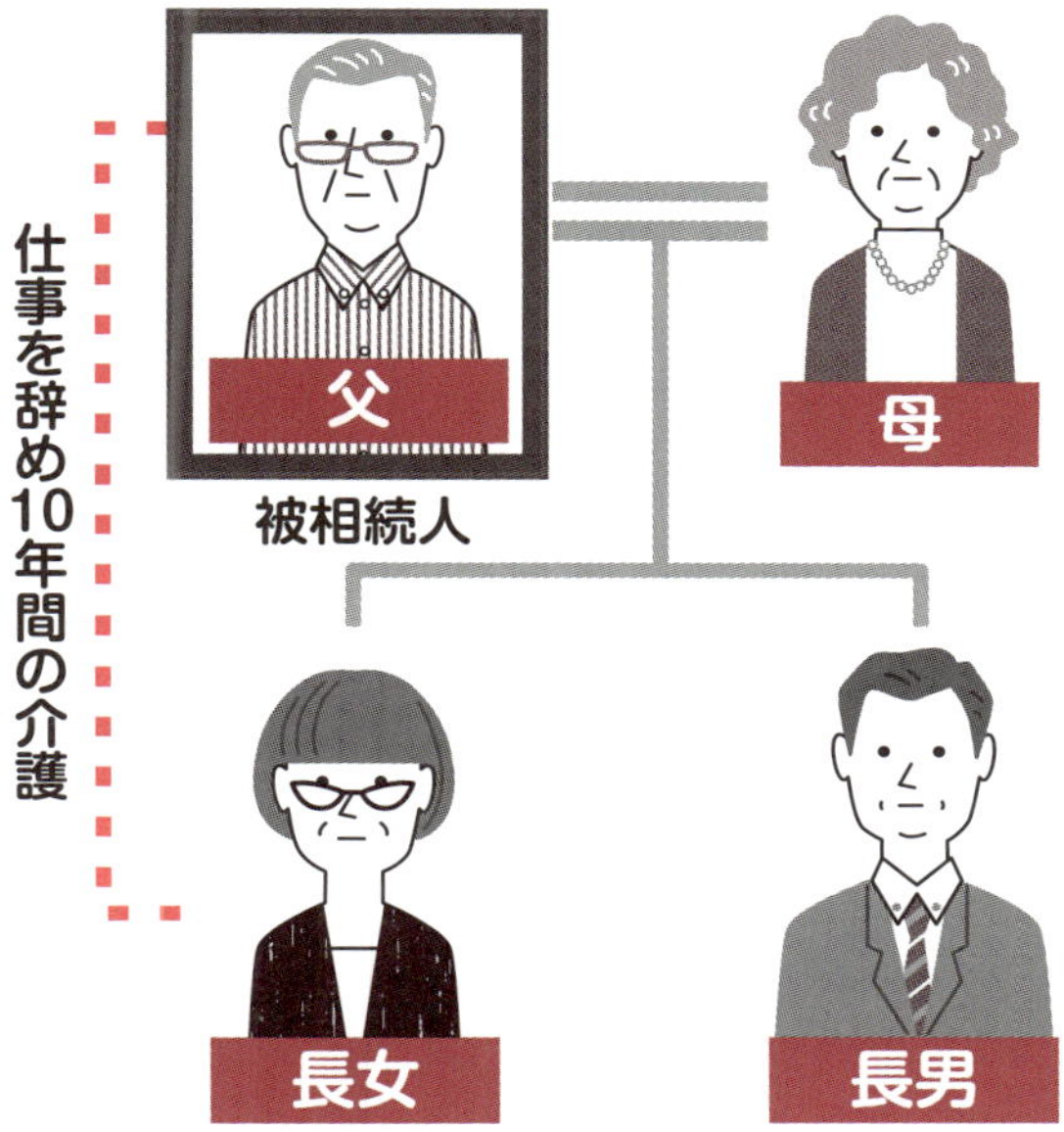

仕事を辞め 10 年間父の介護を続けた長女には遺産総額 1 億円のうち 1,000 万円の寄与分が認められたため、残り 9,000 万円を母、長女、長男で分けることになる。

遺産総額：1億円－1,000万円(寄与分)＝9,000万円

各相続人の法定相続分		各相続人の具体的相続分	
母	9,000万円×$\frac{1}{2}$＝4,500万円	母	4,500万円
長男	9,000万円×$\frac{1}{2}$×$\frac{1}{2}$＝2,250万円	長男	2,250万円
長女	9,000万円×$\frac{1}{2}$×$\frac{1}{2}$＝2,250万円	長女	2,250万円＋1,000万円＝3,250万円

5 特別受益とは？

生前に贈与でもらった財産

長男は、事業資金として父から生前３０００万円の資金援助を受けていました。このように父から生前贈与や遺贈など特別な利益を受けた法定相続人がいる場合、これらを考慮しないで単純に法定相続分で相続財産を分配し計算すると、不公平な結果となります。

そこで、生前に贈与でもらった財産は遺産の前渡しとみなし、相続財産にプラスして相続分を計算します。こうすることで、生前に財産をもらった人とそうでない人との相続人の間の不公平を是正しようとするのが、特別受益の制度です。

特別受益の持ち戻し

次ページにある家族の事例を見てみましょう。

父親の相続財産が1億円、相続人は長男と長女の２人の場合、この相続財産1億円を単純に2分の1で計算すると長男は父から生前事業資金として援助してもらった３０００万円と合わせて８０００万円の財産をもらったことになります。長女の相続財産は５０００万円です。長女が納得すればよいのですが、内心穏やかでないかもしれません。

このように特別に財産をもらった場合、この財産を調整する計算方法として、長男がもらった３０００万円を相続財産に加算して相続分を計算することにしています。これは、長女の気持ちに配慮するためで、これを「特別受益の持ち戻し」といいます。

この持ち戻した３０００万円は、最終的には相続財産から差し引いて計算します。

事業資金以外にも住宅購入資金、結婚時の持参金、留学費用などが持ち戻しの対象となります（※36ページ参照）。

なお、持ち戻しの対象者は相続人だけで、相続権のない兄弟姉妹は除かれます。

特別受益者がいる場合の相続分の計算例

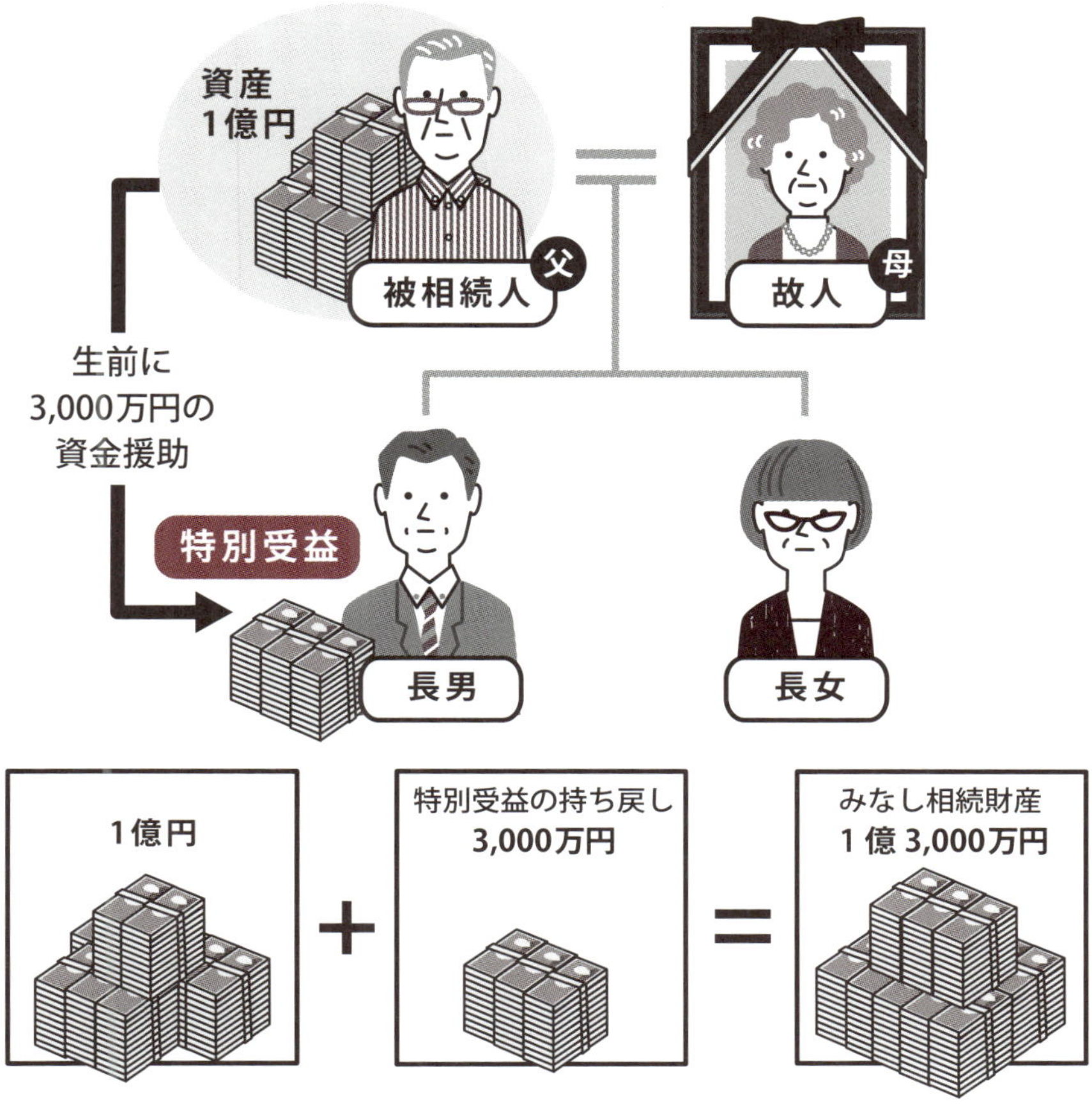

各相続人の法定相続分		各相続人の具体的相続分	
長男	1億3,000万円× $\frac{1}{2}$ ＝6,500万円	長男	6,500万円－3,000万円＝3,500万円
長女	1億3,000万円× $\frac{1}{2}$ ＝6,500万円	長女	6,500万円

持ち戻しの対象となる主な財産

※これらの特別受益財産は、相続開始の時点を基準として評価される。

海外留学費用

住宅購入資金

結婚時の持参金

遺贈による財産

養子縁組の支度金

事業資金援助

特別受益の持ち戻しの免除

被相続人が遺言で、特別受益の持ち戻しをしないという意思表示をしていれば、その意思表示に従うことになります。これを「特別受益の持ち戻しの免除」といいます。

特別受益に関する遺言書の書き方

遺言書

遺言者鈴木一郎は次のとおり遺言する。

一 遺言者が長男明夫の結婚時に住宅資金として援助した①一千万円については、②特別受益の持ち戻しを免除する。

③平成〇〇年〇月〇日

遺言者　鈴木一郎　㊞

①いつ、何のために、どれだけの援助をしたのか具体的に記す。

②「特別受益として計算しない」「特別受益とはしない」などでもOK。

③「日付、署名、印」は必須。

メモ

相続税が2割加算されるのは誰？

2割加算される理由

相続や遺贈または相続時精算課税（※105ページ参照）に係る贈与によって財産を取得した人が、被相続人の一親等の血族及び配偶者以外の人であるときは、その人の相続税額に2割に相当する金額が加算されます。

つまり、被相続人の配偶者や一親等の血族には2割加算はないということです。

被相続人の一親等の血族及び配偶者以外の人の相続税額に2割が加算される理由は、孫が財産を取得すると相続税を1回分免《まぬが》れることや、相続人でない兄弟姉妹や血族関係のない人が財産を取得するのは偶然性が高いことなどから、相続税の負担調整を図る目的で加算を行うこととされています。

一親等の血族は誰
- 父・母
- 子
- （被相続人の）養子

2割加算される人は誰
- 祖父母
- 兄弟姉妹（甥・姪含む）
- 孫（遺贈を受けた孫、被相続人の養子になった孫）
- 内縁関係の夫または妻
- 養子にしていない長男の妻

2割加算されない人は誰
- 代襲相続の孫
- 養子にしている長男の妻（一親等の血族）

2割加算の計算（加算前の相続税額100万円の場合）

100万円＋（100万円×20％）＝120万円

↓納付税額

6 相続財産にはどんなものがある？

相続財産になるもの、ならないもの

被相続人が所有していたほとんどすべてのものが相続財産になりますが、相続財産に含まれないもの、また、相続税を課すことが適当でないため「非課税財産」として相続財産から除かれている財産もあります。

民法では相続財産に含まれないものでも、相続税法では、相続財産とみなして相続税が課される「みなし相続財産」といわれるものもあります。

プラスとマイナスの相続財産がある

プラスの財産は、被相続人が所有していた土地や建物、現金や預貯金、株式や投資信託、自動車やゴルフ会員権など目に見える財産、そして特許権や著作権など目に見えないものでお金に換算できるものもすべて相続財産となります。一方、マイナスの財産は、銀行の借入金やクレジットカードの未決済分、友人からの借金や連帯保証人、未払の所得税や医療費などをいいます。

プラスの財産もマイナスの財産も相続の財産として引き継ぐことになります。なお、一身専属とされる税理士資格、弁護士資格、運転免許証などの資格、年金受給権の権利は相続財産に含まれません。

相続税の対象とならない財産

非課税財産とされる主なものとして、墓地、墓石、仏壇、仏具、神具などが挙げられます。日常礼拝の対象となっているものに課税することは国民感情などに配慮して相続税はかかりません。なお、金の仏像など投資目的で保有している場合は相続税の課税対象となります。また、被相続人の死亡時に受け取る生命保険金・退職手当金は相続財産とみなされますが、そのうち法定相続人１人につき５００万円までは相続税がかかりません。

相続財産になるもの、ならないもの

	プラスの財産	マイナスの財産
相続財産になる	・不動産（土地や建物） ・現金や預貯金 ・株式 ・投資信託 ・家財道具一式 ・自動車 ・収集品（宝石・貴金属、絵画、骨董など） ・ゴルフ会員権など目に見えるもの ・著作権	・銀行の借入金 ・クレジットカードの未決済分 ・友人からの借金 ・連帯保証人などの保証債務 ・未払いの所得税、住民税、固定資産税など
相続財産にならない	・年金受給権 ・自動車の運転免許 ・弁護士や税理士などの免許 ・医師免許 ・英検や簿記などの資格 ・親権やお墓　など	

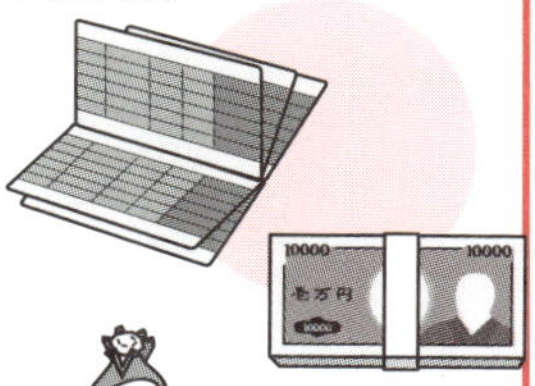

相続財産にはプラスの財産だけでなくマイナスの財産も含まれます。

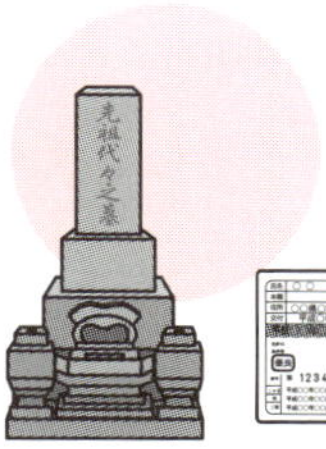

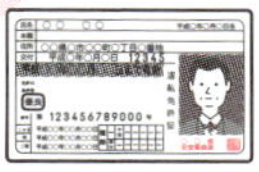

一身専属になる権利や資格は相続財産にはなりません。

相続税を計算する際には、本来の相続財産に上乗せされるものがある

上図にあるように相続財産となる各種財産　**本来の相続財産**

＋

生命保険の死亡保険金・死亡退職金など　**みなし相続財産**

＋

相続開始前３年以内に贈与された財産
相続時精算課税制度の適用を受けた財産　**生前の贈与財産**

＝

相続税の課税対象

みなし相続財産というものがある

土地や建物、現金・預金など本来の財産といわれるものの他に、相続税を計算する上では相続財産に含めて計算される財産があります。その財産が「みなし相続財産」と呼ばれるもので、みなし相続財産として代表的なものが被相続人の死亡時に受け取る生命保険金や退職手当金です。

生命保険金や退職手当金は、被相続人が生前から持っていた財産ではありませんが、本来の相続財産と経済的価値が変わらないことから相続財産に含めて相続税の課税対象財産とされています。

なお、生命保険金や退職手当金の非課税限度額（500万円×法定相続人の数　※86ページにて詳述）を超えた部分が相続税の課税対象となります。

単純承認か、相続放棄か

相続は、現金・預金などのプラスの財産も、借金などのマイナスの財産も引き継ぎます。いい財産だけをもらって、悪い財産はいらないというわけにはいきません。

相続人は、相続があったことを知った日から3カ月以内にプラスの財産・マイナスの財産を合わせたすべての財産を引き継ぐか否かを決めなければなりません。

この期間に何もしなければ、プラスの財産・マイナスの財産を合わせたすべての財産を自動的に引き継ぐことになります。これを「単純承認」といいます。

もし、借金などのマイナスの財産がプラスの財産より多い場合、単純承認すると多額の借金を抱え込むことになります。この多額の借金から逃れるためには、相続放棄か限定承認のいずれかを選択することになります。

限定承認は3カ月以内に

限定承認は、プラスの財産の範囲内で借金を負担する場合をいい、プラスの財産が多いか、マイナスの財産が多いかわからないときに選択します。

限定承認は、相続人全員で行う必要があります。また、相続の開始があったことを知った日から3カ月以内に家庭裁判所に申述しなければなりません。

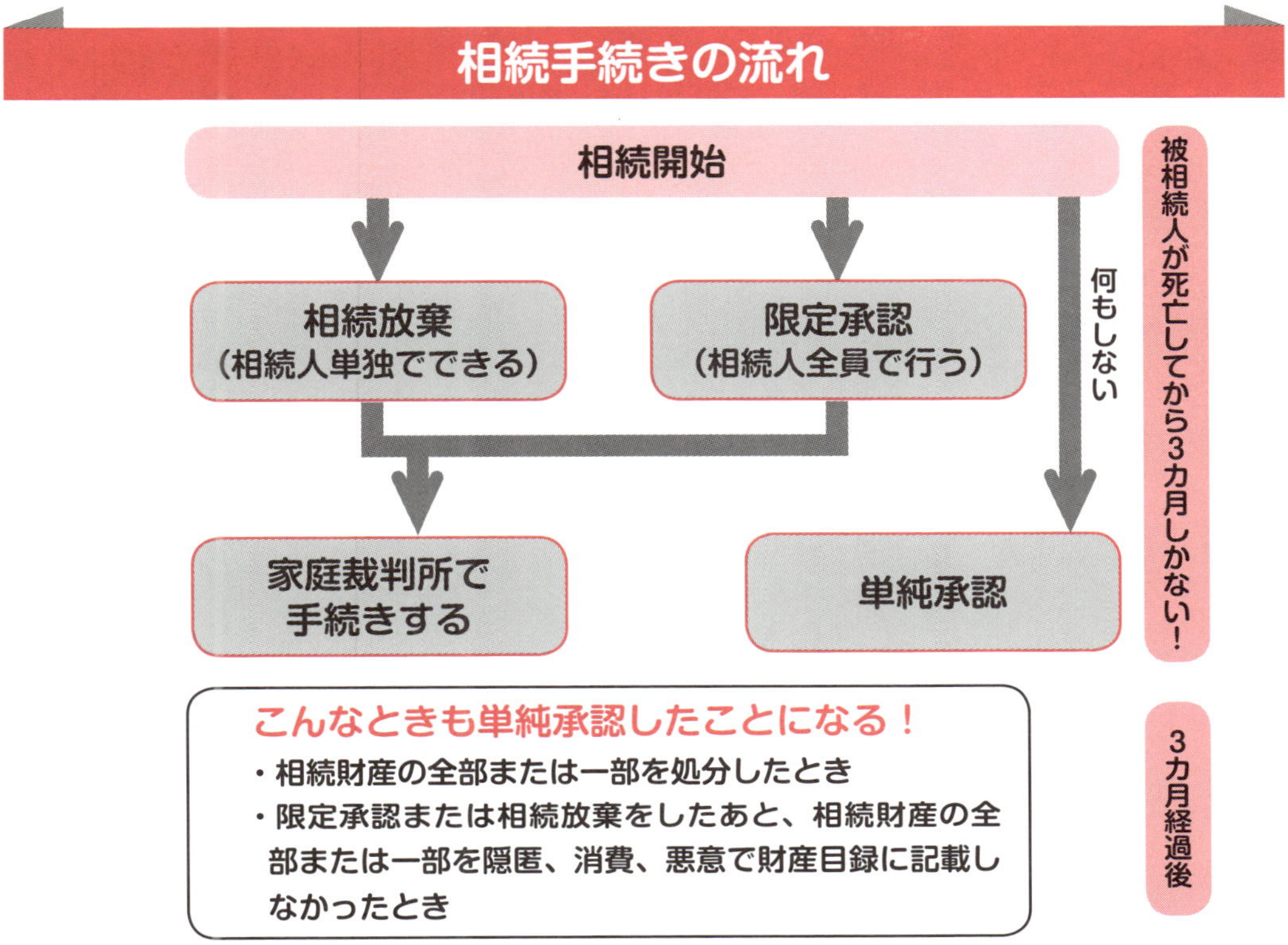

相続放棄も3カ月以内に

相続放棄は、相続財産の一切を相続しないことをいいます。親が残した借金を子が背負って生活を送るのは酷なことです。そこで、相続放棄することで、親が遺したカードローンなどの借金地獄から抜け出すことができるのです。

相続放棄は相続の開始があったことを知った日から3カ月以内に、被相続人の住所地の家庭裁判所に「相続放棄申述書」を提出します。

相続放棄した場合の留意点

・相続放棄は、相続人が複数いても単独で選択することができます。

・被相続人の財産を葬式費用などに使ったりすると相続放棄できなくなります。単純承認をしたものとして、借金などのマイナスの財産を引き継ぐことになります。

・被相続人の子が相続の放棄をしたら、孫は相続人にはなれません。なぜなら、相続人の順番が次の順位の人に移るからです。

・相続放棄をした場合であっても、生命保険の受取人となっていた場合は、保険金を受け取ることができます。

・相続放棄した人とは、家庭裁判所に申述して相続の放棄をした人のことをいいます。したがって、正式な放棄の手続きを取らないで相続財産を取得しなかった人は、単に財産をもらわなかっただけということになります。

相続放棄の相続権の流れ

【事例】

今回死亡した夫には多額の借金があり、その相続人である妻と子どもは借金を背負いたくないため、相続放棄をすることにしました。

妻と子どもが相続放棄すると相続権は父母に移転しますが、父母は既に死亡しているため義兄に相続権が移転することになります。義兄は、夫（弟）に多額の借金があったため妻と子どもが相続放棄したことを知りません。知らないうちに借金を押しつけられていたということがないように、妻と子どもは相続放棄を決めたら、その旨を義兄に連絡し、相続放棄をするよう促してあげる必要があります。なお、孫は子どもが相続放棄しても相続権は移転しないため相続放棄の手続きをする必要はありません。

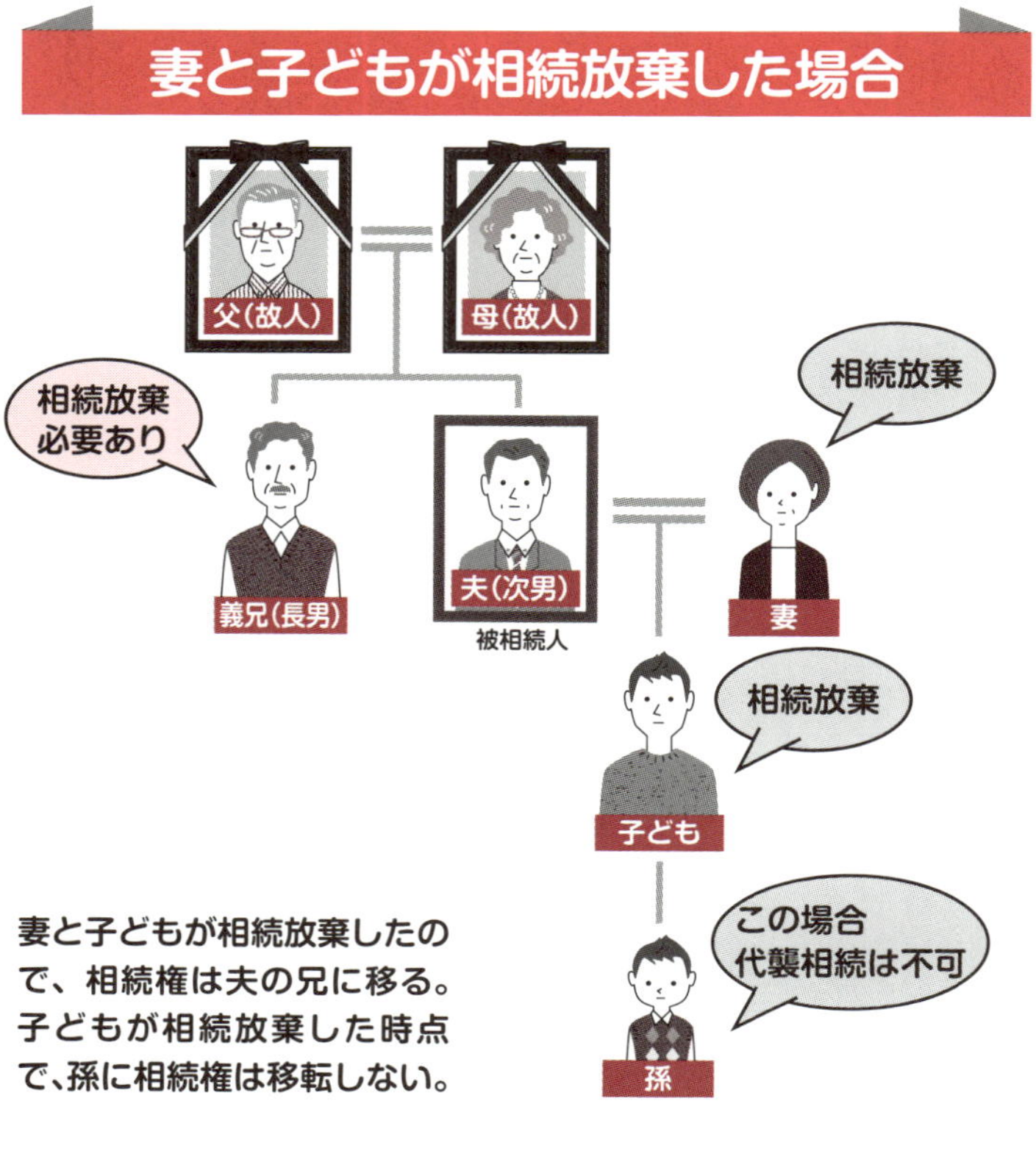

妻と子どもが相続放棄したので、相続権は夫の兄に移る。子どもが相続放棄した時点で、孫に相続権は移転しない。

土地・建物の不動産は共有財産としない

相続財産といえば、土地・建物が主な財産で、あとは現金・預金があるというのが一般家庭にある財産ではないでしょうか。現金や預金のように分けやすいものだといいのですが、自宅などの不動産は二つに割って「はい」というわけにはいきません。

遺言書がなかったり、遺言書があったとしても長男に2分の1、長女に2分の1など相続分でしか書かれていない場合は、相続人の間で遺産分割協議が必要になります。

分割協議が進まないため、自宅など分けにくい財産は何となく共有にしてしまいがちです。不動産の共有は、一方の家庭の事情による家の建て替えや売却など、共有者全員の同意が必要なときにトラブルが発生します。

お互いの兄弟が亡くなれば、共有財産は、それぞれの配偶者や子ども、そして孫に相続され、権利関係が複雑になってしまいます。つまり面倒くさい問題を子どもや孫に残すということになります。子どもたちが相続で〝争続〟とならないように気をつけたいものです。

財産を分ける方法は、共有のほかに現物分割、換価《かんか》分割、代償分割の方法があります。

【現物分割】

現物分割は、一つひとつの財産をそれぞれの相続人に分けることをいいます。

たとえば、長男にはこの土地・建物を、長女には預貯金と有価証券をというように、遺産そのものを現物で分ける方法です。財産にはそれぞれの価額があるため、この方法では相続分通りに分けるのは難しいというのが現実です。

【換価分割】

換価分割は、財産を売却してお金に換えた上で、そのお金を分ける方法です。メリットは、それぞれの相続分に応じて公平に分割できることです。デメリットは、不動産を売却すると売却益に譲渡所得税が課せられることです。また、売り急ぎを見透かされて安くたたかれることもあるので、売り急ぎにはくれぐれも気をつけてください。

【代償分割】

代償分割は、たとえば長男が土地・建物を取得する代わりに、長女には相続分に応じた現金を長男が支払うという方法です。ただ、自宅を引き継ぐ相続人が、代償金を支払う資金力があることが前提となります。

代償金というお金に換えて別荘を交付するという場合は、別荘を売却したお金で代償金を支払ったと考えるので、別荘の売却益に対して譲渡所得税が課せられます。不動産を代償金とする場合は気をつける必要があります。

相続財産の４つの分割方法

換価分割

財産を売却し、そのお金を相続人で分け合う

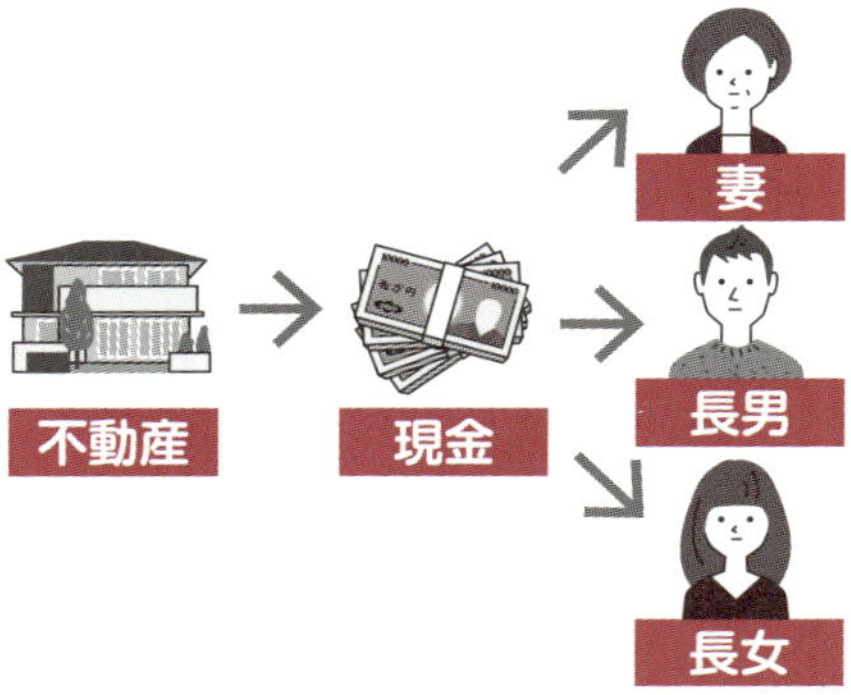

現物分割

一つひとつの財産を誰が取得するか決める

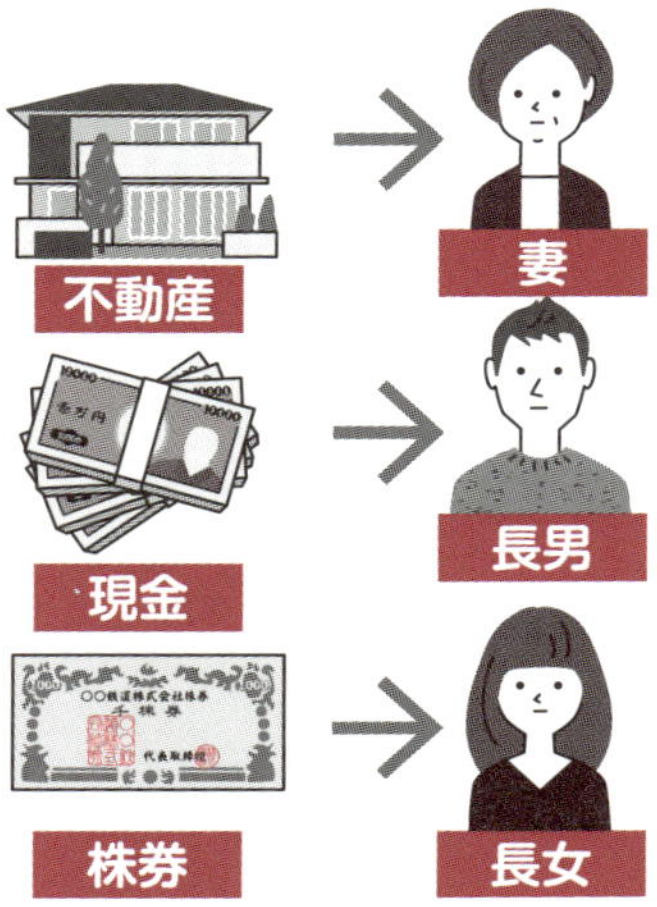

共有

財産を相続人で共有する

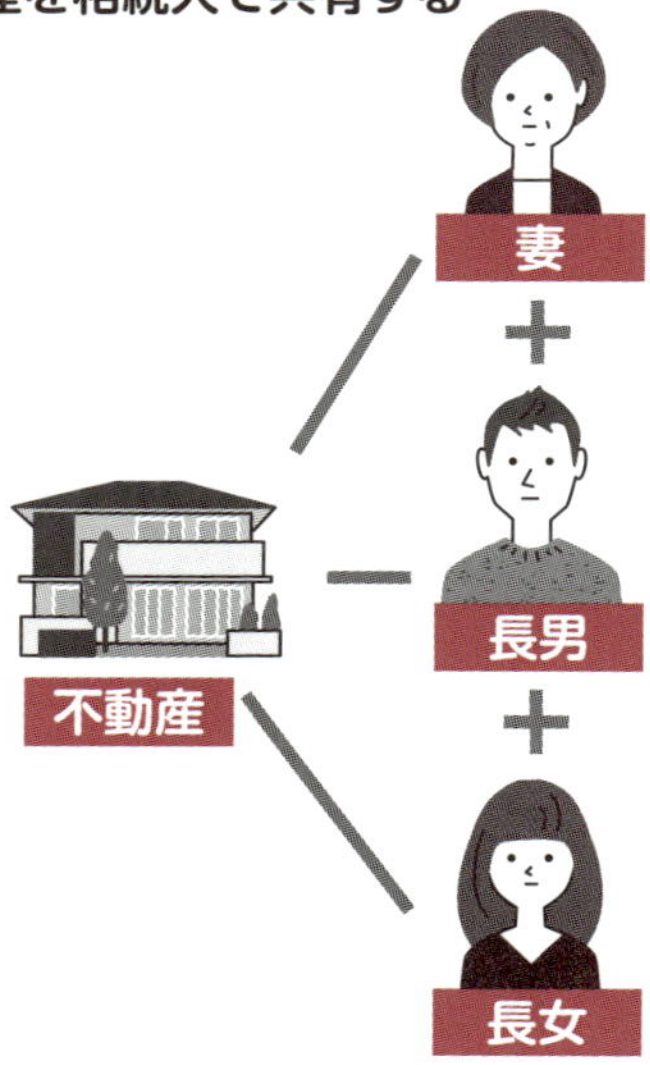

代償分割

特定の相続人が相続し、ほかの相続人に代償金（現金）を払う

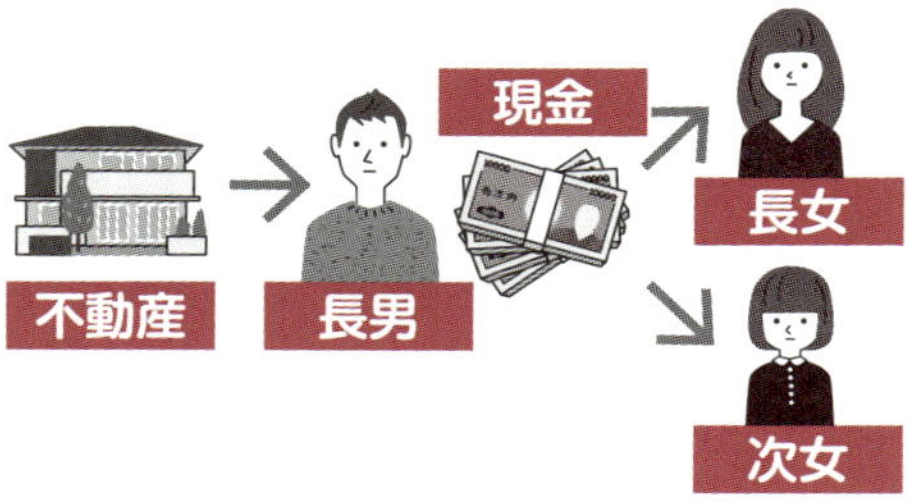

遺言でできる財産の贈与

被相続人が自分の財産をどう処分するかは、故人の自由です。その効力を発揮するのが遺言です。遺言は、被相続人の意思を表したもので最優先されます。

相続では、民法で定められた相続人しか相続財産を引き継げませんが、被相続人は遺言によって、生前身の回りの世話や介護で苦労をかけた息子の嫁などに財産を贈与することができます。これを「遺贈《いぞう》」といいます。

遺言は一定の形式で書き遺す必要があります。「自筆証書遺言」や「公正証書遺言」が代表的な遺言方式となっています（※49ページにて詳述）。

また遺言では、自分の財産を誰に何を相続させるか指定することもできますし、相続分（妻に3分の2など割合）を指定することもできます。

相続分で指定することを指定相続分といい、指定相続分は法定相続分に優先して実行されます。

遺贈には包括遺贈と特定遺贈がある

包括遺贈：「友人Hに財産の5分の2を遺贈する」など割合で財産を贈与する方法。

特定遺贈：「友人Ｉに○○株式10000株を与える」など特定の財産を指定して遺言で贈与する方法。

包括遺贈で財産をもらった人は、相続人と同様の権利義務を有するとされているため、プラスの財産も借金などのマイナスの財産も引き継ぎます。たとえば、包括遺贈で5分の2の財産をもらった人は、借金などの債務も5分の2引き継ぐことになります。

この債務を引き継ぎたくない場合は、3カ月以内に「包括遺贈放棄申述書」を家庭裁判所へ提出して放棄の申述を行います。

特定遺贈の場合の受遺者は、遺言者の死亡後いつでも遺贈を放棄することができます。この場合、家庭裁判所への申述は必要ありません。財産を遺贈する人を「遺贈者」といい、財産をもらう人を「受遺者」と言います。

包括遺贈と特定遺贈の違い

項目	包括遺贈	特定遺贈
分割方法	「全財産の1/3」など割合を指定する	「○○土地」「××株式」など財産を特定する
債務の引き継ぎ	遺贈された割合に応じて引き継ぐ	借金などのマイナス財産は引き継がない
遺産分割協議	参加する	参加しなくてよい
遺贈の放棄	遺贈があることを知ったときから３カ月以内に放棄 家庭裁判所に申述する	口頭のみで放棄が可能 トラブルを避けるため内容証明郵便を使用する

●遺言で遺留分を侵害した場合は、遺留分受遺者から減殺請求があったときは、それに従わなければなりません。無用なトラブルを避けるため、遺留分を侵害しないようにする必要があります。

●死因贈与というものがある

遺贈とは、遺言によって財産を贈与することをいいますが、この遺贈と似ているものに「死因贈与」というものがあります。

死因贈与は「俺が死んだら家をあげる」という生前に交わす贈与者の言葉に対して「はい、いただきます」ともらう側（受贈者）が受諾することで成立する法律行為です。贈与者の死亡によって効力を生じる点で遺贈と類似していますが、死因贈与は双方の合意で成り立つ契約であるという点で、遺贈とは大きく異なります。

死因贈与契約は自由に取り決めることができますが、口約束だけでは証拠能力が乏しいため、無用なトラブルを避ける意味でも、贈与契約書を作成しておいた方が賢明だといえます。

死因贈与の例

当事者間の合意による契約行為

このように受諾することで成立します。

私が死んだら、
この車をあげるよ
はい、
いただきます
贈与者
車
受贈者

相続を「争続」としないための遺言の方法

相続は往々にして、おぞましいほどの「骨肉の争い」に発展することがあります。私のもとを訪れた相談者の例を、いくつかご紹介します。

【事例1】

「お母さんが残してくれた自宅や預貯金はオレのものだ」と欲をかく弟に困り果て、弁護士に相談した女性がいました。その弁護士から「申告期限が近づいているから取りあえず申告はしておく必要がある」と言われたようで、私の事務所に訪ねて来られました。

彼女の弟は、「寄与分も５０００万円はあるはずだ」などと言い、いざ相続を迎えて、携帯電話に脅《おど》しのメールまで送ってきました。「弟がお金のことであれほど変わるとは思わなかった。相続協議の場には怖くてとてもじゃないけどいられない」と震えていて、相続財産全体の話も聞けない状態にありました。

【事例2】

長女に「預けた３０００万円の通帳を返してくれ」と言っても返してもらえず、私の事務所に来るたびに愚痴をこぼしていた父親がいました。その父親が他界し、相続のことで今度は、長女本人が私の事務所に訪ねてきました。３０００万円もの大金を自分のものにして、挙げ句の果ては父が持っていた貸家までも、妹さんに分けるという考えはなく、全部自分のものにしたいと言うのです。妹さんは、３０００万円のことは何も知りません。

【事例3】

母親の預金５０００万円の通帳をこっそり持ち出し自分のものにした妹、それを知って怒った父親が、「妹の相続財産は4分の1」という遺言を書いて亡くなりました。

姉が「相続財産は2分の1ずつで」と言ってくれたにもかかわらず、それでも納得できない妹は裁判にまで発展させ、1年半かけて判決を待ちました。当然、遺言書があるため妹は4分の1しか取得できず、どちらも不毛な対決をし、支払った弁護士費用は……。姉は精神的苦痛と徒労で入院ということになりました。

兄弟姉妹が結婚をしてそれぞれの家庭を持つと、それぞれの家庭環境に身を置くことになります。そして、相続に直面した途端、兄弟姉妹が骨肉の争いをする場面に遭遇する場合があります。愚にもつかないような理屈で相手を説き伏せようとします。兄弟姉妹それぞれが好き勝手なことを言っていると、相手も引き下がることができなくなってしまい、事態の収拾がつかなくなり家庭裁判所に調停の申し立てをすることになります。

こういう場面で効果的なのが「遺言書」です。相続財産を誰にどれだけ遺すかを決めておくことで、兄弟姉妹間の争いを防ぐことができます。遺言は親が最後に自由にできる権利です。ただ、自由と言っても「遺留分」を侵すことはできませんし、遺言で子どもの仲を壊すようなものでは困ります。そうなる前に、子どもが納得できる遺言をすることが親の義務なのかもしれません。

遺言には自筆証書遺言と公正証書遺言がある

遺言書は自分で書く自筆証書遺言と、第三者の公証人に依頼して作成してもらう公正証書遺言の二つが一般的です。どちらの方がよいとは一概に言えませんが、もっとも

自筆証書遺言と公正証書遺言の比較

	長所	短所
自筆証書遺言	・遺言者自身が作成できる ・費用がかからない ・何度でも書き直せる ・どこででも作成できる ・証人がいらない ・遺言の内容を秘密にできる	・パソコンでの作成は無効になる ・形式不備で無効になる可能性がある ・偽造や変造、紛失の危険性がある ・保管場所を忘れる場合がある ・家庭裁判所の検認が必要
公正証書遺言	・遺言者の口述で公証人が作成 ・病床の場合公証人が来てくれる ・形式不備が生じない ・原本が公証役場に保存されるため偽造や変造、紛失の恐れがない ・家庭裁判所の検認が不要	・遺言作成費用がかかる ・公証人の出張には手数料がかかる ・証人が最低２人必要 ・公証役場まで行く必要がある ・遺言の存在や内容が漏れる恐れがある

手軽に作成できるのは自筆証書遺言です。

自筆証書遺言は、自分で書くため遺言内容が秘密にできますし、費用もかからないので、いつでも何度でも書き直すことができるなど利便性があります。

一方、公正証書遺言は公証役場で公証人が作成する遺言書のことをいいます。この遺言書は、公文書として保管されますから紛失の恐れがなく、公証力が認められますから安心できます。また、偽造の危険もありません。

これに反して、自筆証書遺言は、家族のわからないところに保管するので、相続が発生した際に発見されない可能性があります。自筆証書遺言の場合は、信頼できる人に保管場所を伝えておくことが必要かと思います。

遺言書には何を書いてもいい

遺言書は満15歳になったら誰でも書くことができます。

遺言書に書いて法的効力が生じる事項は、大きく分けると次の三つがあります。

①相続に関すること：相続分など（財産を分ける割合。たとえば全財産の3分の2や、所有する土地の5分の3など）。

②財産処分に関すること：寄付や遺贈など。

③身分に関すること：婚外子の認知など。

法的な拘束力が生じない事項には、葬式は質素にしてほしい、犬や猫などペットの面倒を見てほしい、家族全員で協力し合って生きていくように、など本人の希望を盛り込んだ内容などがそれに当たります。また、これらについては実行されるという保証はなく、残された遺族の判断に委ねられます。

遺言書が出てきたら開封してもいい!?

自筆証書遺言は、見つけても絶対に開封してはいけません。勝手に開けてしまうと、改ざんしたのではと疑われるなど揉め事の原因になってしまう可能性があるので、気をつけなければいけません。

自筆証書遺言の開封は、遺言者の死亡時の住所地を管轄する家庭裁判所に一定の書類を添付して、相続人などの立会いのもとで行うことになります。これに違反し、勝手に開封すると、開封した人は5万円以下の過料《かりょう》に処せられます。

自筆証書遺言の作成ポイント

自筆証書遺言は、他人に代筆してもらったり、パソコンで作成すると無効になります。また、大事にしまい込みすぎてどこに保管したのか忘れてしまう可能性があります。また、偽造や変造されたりするリスク、そして形式不備で無効になる恐れがあります。

自筆証書遺言は、書き損じたら面倒くさがらず最初から書き直す、間違った箇所を修正液で修正しない、財産を相続させる対象者をしっかりと書くなどのほか、作成ルールを押さえておく必要があります。

書き方や内容が法的な要件を満たしていないと、遺言書自体が無効になる場合がありますので気をつけてください。

自筆証書遺言の作成ルールを押さえる

①パソコンは使わない

自筆証書遺言は、全文手書きで書かなければいけません。

②書式

縦書き、横書きはいずれでも構いません。

誰に何を相続させるのか、また誰に遺贈するのかをはっきり書きます。誰にどれだけ相続させるのか、相続分に関してもしっかりと書きます。

③日付

日付も年月日まで手書きで書きます。日付が特定できない場合は無効になります。遺言書の日付は遺言書が複数出てきた場合に非常に重要になります。公証役場で確定日付をとっておくと、トラブル防止として最善の方法です。

④署名押印

遺言書の最後にフルネームで署名をして押印します。氏名はペンネームでもよいとされていますが、戸籍の名前を書くのが基本です。

押印は認印でも拇印でもよいとされていますが、実印が本人の印であることが証明できて好ましいです。

⑤訂正

遺言書の書き間違い、加筆が必要になった場合、可能な限り全文を書き直すことが好ましいといえます。

⑥封筒に入れ封印

書き終えたら封筒に入れしっかりと封印します。

自筆証書遺言を書く場合の注意点！

遺言書

遺言者田中一郎は次の通り遺言します。

1、妻田中花子に次の不動産を相続させる。

土地　所在　東京都杉並区〇〇8丁目
　　　地番　8番地20号
　　　地目　宅地
　　　地積　165平方メートル

建物　所在　東京都杉並区〇〇8丁目8番地20号
　　　家屋番号　8番地20号
　　　居宅
　　　構造　木造2階建
　　　床面積　1階80平方メートル　2階50.30平方メートル

長男田中六輔に次の財産を相続させる。

〇〇銀行~~新宿~~杉並支店の遺言者名義の定期預金
（口座番号〇〇〇〇〇〇〇〇〇）全額

13行目「新宿」を「杉並」に訂正。
田中一郎

長女佐藤恵子に次の財産を相続させる。

〇〇銀行新宿支店の遺言者名義の定期預金
（口座番号〇〇〇〇〇〇〇〇〇）より金壱千萬円

4、上記以外のすべての財産は妻田中花子に相続させる。

5、遺言者は遺言執行者として長男田中六輔を指定する。

平成〇〇年〇月〇日

東京都杉並区〇〇8丁目8番地20号
遺言者　田中一郎

相続させる人を特定できるように書く。

不動産の表示は登記事項証明書に記載されている通りに記す。

訂正は修正液を使用せず、2本線で消し、正しい文言を書く。訂正箇所には遺言書の最後に押印する印鑑で訂正印を押し、付記には「〇字削除」「〇字加入」と訂正内容を記して署名する。

算用数字でも構わないが、改ざんを防ぐため漢数字の大字を使用するとよい。

遺言書を書いた日付を必ず記す。

用紙に規定はないので、便せん、原稿用紙などでも構わない。筆記用具にも規定はないが、鉛筆は避け、ボールペンや万年筆など、修正できないものを使う。縦書きでも横書きでもよい。必ず全文を自筆で記す（パソコン作成文書は不可）。

口座を特定できるように記す。

相続人以外に財産を遺す場合は「遺贈する」と記す。

財産を遺す人へ付言事項として思いを記すこともできる。ただし、この内容に法的効力はない。

住所・氏名を正確に記し、名前のあとに押印。印鑑は実印が望ましい。

遺言執行者を弁護士に依頼する場合
5. 本遺言の遺言執行者に下記の者を指定する。
　東京都新宿区新宿5丁目〇番地〇号
　　弁護士　中西洋一

封筒の書き方

表

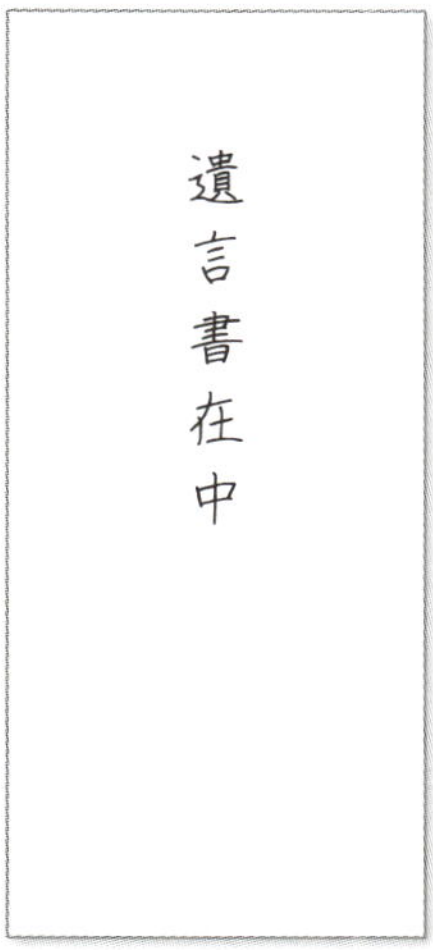

裏

偽造防止のため封印。遺言書に用いた印鑑と同じものを使用。

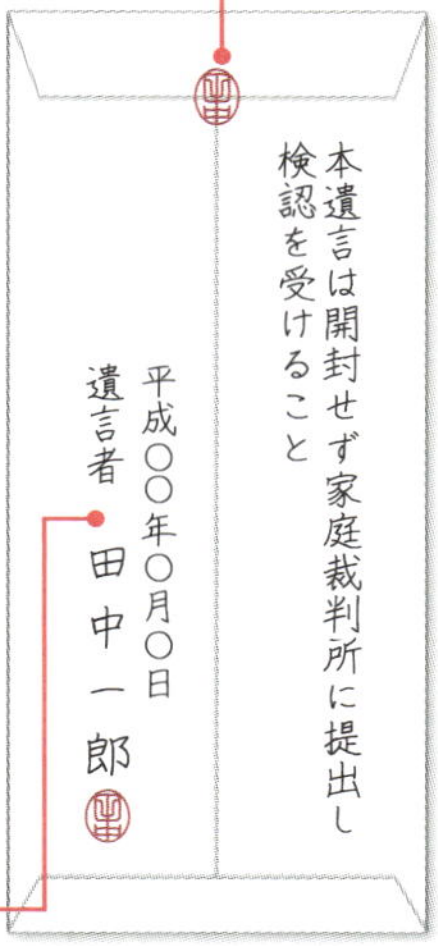

日付と署名。
日付は遺言書と同じにする。

契印の方法

遺言書が複数枚にわたるときは、
無用なトラブルを避けるため契印する。

綴じない場合（割印）

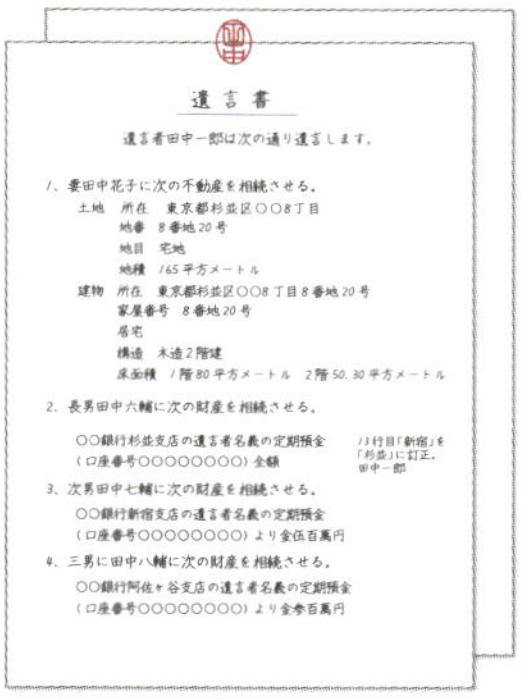

綴じ目にまたがって押印。

綴じる場合

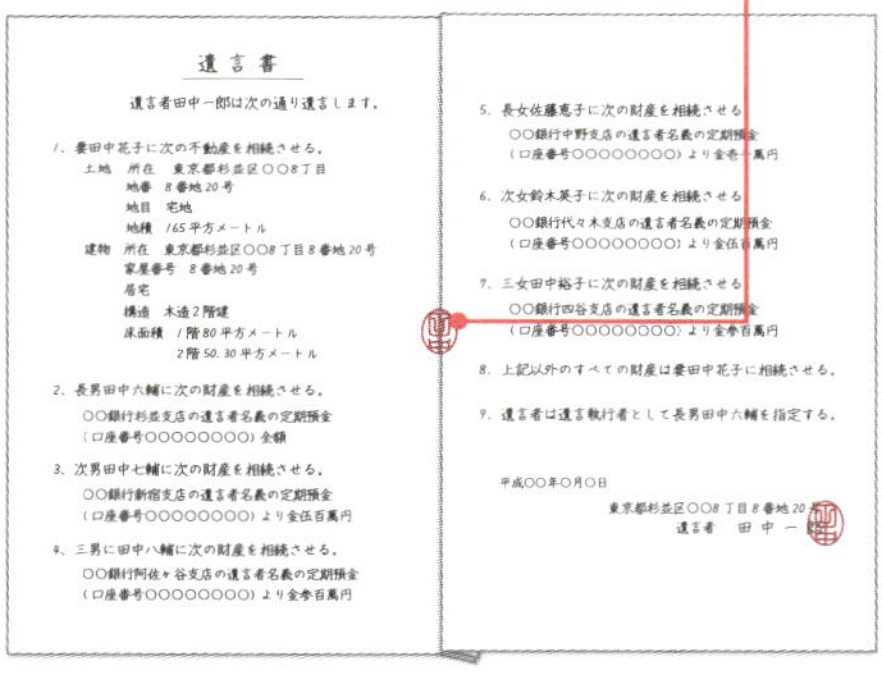

自筆証書遺言で無効となるもの

音声や画像の遺言

遺言は必ず書面で!!

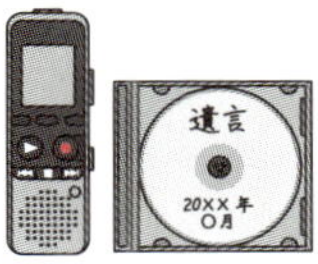

代筆してもらう

必ず本人が
手書きで!!

日付をスタンプで押す

遺言書は全文手書き!!

署名・押印がない

本人特定のできない
遺言書は無効!!

訂正印がない

遺言書自体は有効だが、
訂正の効力は生じない!!

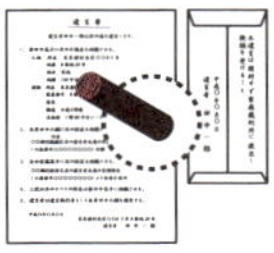

パソコンで作成した遺言

遺言書は必ず手書き!!

公正証書遺言作成ポイントとルール

公正証書遺言は、自筆証書遺言のように家庭裁判所の検認を受ける必要がないため、いつでも開封ができ遺言の内容が確認できます。

公正証書遺言では、遺言者の真意を確保するため、遺言者が選んだ2人の証人に立ち会ってもらいます。病気などで公証役場へ行けない場合は、公証人に自宅や病院に出張してもらって遺言書を作成することができます。

遺言者が公証人に遺言内容を伝えると、その内容を書面にしてくれます。また遺言者がどのような遺言内容にしようか悩んでいる場合は、公証人が適切なアドバイスをするなど、最善と思われる遺言書作成の手助けをしてくれます。

遺言者が述べた遺言の内容は、公証人によって筆記され、公証人が筆記したものを遺言者と証人に読み上げ、また閲覧させて、内容を確認してから署名押印をします。

公正証書遺言の原本は公証人によって保管されるので、自己で管理する自筆証書遺言のように紛失したり、偽造されたりする心配はありません。そして、遺言者には原本と同一の正本が渡されます。

いくらかかる？　公正証書遺言作成費用

公正証書遺言の作成には手数料がかかります。この手数料の額は、相続財産の額によって決められています。

項目	区分	料金
証書作成	目的の価額が 100万円まで 200万円まで 500万円まで 1,000万円まで 3,000万円まで 5,000万円まで 1億円まで	 5,000円 7,000円 1万1,000円 1万7,000円 2万3,000円 2万9,000円 4万3,000円
	3億円まで 10億円まで 10億円超	5,000万円ごとに1万3,000円加算 〃　1万1,000円加算 〃　8,000円加算
遺言手数料	目的の価額が1億円以下のとき	1万1,000円を加算
役場外執務（出張）	日当	2万円（4時間以内は1万円）
	旅費	実費
	病床執務手数料	証書作成料金の２分の１を加算

公正証書遺言作成の手順

事前準備

1 遺言書の内容を整理

2 証人の依頼
・信頼できる２人の証人が必要。

3 公証人と打合せ
・必要書類をそろえる。
・公証役場に直接出向き原案を伝える。電話またはFAXで行うことも可能。

4 証書（遺言書）文案の確認
・遺言作成日前にFAXなどで文案が送信されるので内容を確認。
・遺言書作成に必要な書類を事前に届けるかFAXする。

当　日

5 証人とともに公証役場に出向く
・公証人に対し遺言する内容を口述。
・公証人はそれを筆記する。
・公証人は作成した遺言内容を遺言者と証人に読み上げる。
・内容確認後、遺言者、証人、公証人が署名押印する。

6 証書の完成、保管
・証書の原本は公証役場に保管。
・遺言者には正本と謄本が交付される。

証人になれない人
・未成年者
・将来相続人となる予定の配偶者、直系血族
・公証人の配偶者、四親等以内の親族
・公証役場の書記官や職員
・遺言書の内容が理解できない人

作成に必要な主な書類
・遺言者と証人２人の印鑑登録証明書
・遺言者と相続人の続柄がわかる戸籍謄本
・相続人以外の人に財産を遺贈する場合はその人の住民票
・登記簿謄本および固定資産税の評価証明書など
・証人予定者の名前、住所、生年月日、職業などを記載したメモ
※より詳しい情報は公証役場に確認ください

遺産分割協議は相続人全員参加が原則

相続が発生したら、相続人を確定し、財産を確定する必要があります。遺産分割協議が終わったあとに新たな相続人が現れたり、新たな相続財産が出てきた場合、遺産分割協議をやり直すことになるからです。遺産分割協議は相続人全員の参加のもと行われることが原則です。

とはいえ、遠方に住んでいる人がいる場合など、特に問題がなければ電話やファックスで連絡を取り合うこともできます。ただし、遺産分割協議の成立には全員の合意が必要となるので、全員が一同に会して分割協議を成立させます。そして遺産分割協議書は、相続人全員の合意が必要で、1人でも欠けていると無効となります。

遺産分割協議は腹八分目の精神で

相続人が1人であれば、何事もなく相続税の申告となりますが、相続人が2人以上になると、財産の分割という難しい問題が待ち受けています。相続人が兄弟姉妹仲よく円満に話し合いができればすばらしいことです。

遺言書がなく法定相続分通りに分けるにしても、どの財産を誰が引き継ぐかで駆け引きがあります。遺言書があったとしても相続分（2分の1など割合）しか書かれていない場合、特定の財産しか指定がなく全財産の指定がない場合も分割協議が必要となります。

遺産分割協議は揉めると時間の浪費、精神的苦痛、そして無駄な費用がかさみます。分割協議は相続人それぞれが腹八分目の気持ちで臨むことが必要でしょう。

遺産分割協議は、誰がどの財産を相続するか確定させるために行う大事な協議です。遺産分割協議書は、その内容を一度決めて署名押印してしまうと一方的に取り消したり、変更したり、後戻りできません。取り決めの内容は、遺産分割協議の期間内で納得いくまできちんと話し合う必要があります。

遺産分割協議に期限はありませんが、相続税の申告期限は、相続の開始があったことを知った日の翌日から10カ月以内となっています。期限を過ぎると相続税を少なくすることができる「小規模宅地等の特例」「配偶者の税額軽減」が使えなくなり、相続税が多額になるので気をつけましょう。

遺産分割の流れ

相続人と相続財産の確定

遺産分割協議を始める前に相続人と相続財産を確定させておくこと

- **遺言書なし** → 遺産分割協議へ
- **遺言書あり**
  - 遺産分割の内容が具体的に特定してある場合 → **遺言に添って分割**
  - 遺言内容において分割する割合が不十分な場合など → 遺産分割協議へ

遺産分割協議

相続人全員による話し合いで遺産を分割

- 合意 → **遺産分割協議書の作成** → 遺産分割
- 不調 → 調停による分割へ

調停による分割

調停委員による仲介のもと相続人同士の解決を目指す

- 成立 → **調停調書の交付** → 遺産分割
- 不成立 → 審判による分割へ

審判による分割

事情を考慮して最終的に審判官が判断する

審判書の交付 → 遺産分割

遺産分割

遺産分割協議書はいろいろな場所で活躍する

遺産分割の協議が終わったら、遺産分割協議書を作成します。遺産分割協議書の作成は法律で義務づけられているわけではありませんが、あとで揉めないための覚え書きのようなもので証拠となるものですから、とても重要な書類といえます。

また、遺産分割協議書は相続税の申告だけでなく、銀行預金の名義変更や不動産の所有権移転登記に添付資料として大変重要な書類です。

書き方は、縦書きでも横書きでも、手書きでもパソコンで作成しても問題ありません。誰がどの財産を相続したかを明確に記載してあればいいのです。

作成が終わったら相続人全員が署名押印します。銀行預金の名義変更や不動産の所有権移転登記では、印鑑証明書が要求されますので実印で押印します。

相続財産の名義変更手続きに必要な一般的書類

相続財産	銀行預金	土地・建物
手続き先	金融機関ごと	地方法務局（本支局・出張所）
名義変更に必要な書類	・預金名義書換依頼書 ・被相続人の預金通帳 ・被相続人の出生から死亡までの戸籍謄本 ・被相続人の除籍謄本 ・相続人全員の戸籍謄本 ・相続人全員の印鑑証明書 ・遺産分割協議書 ・その他	・所有権移転登記申請書 ・被相続人の出生から死亡までの戸籍謄本、除籍謄本、改正原戸籍謄本 ・被相続人の住民票の除票 ・相続人全員の戸籍謄本 ・相続人全員の住民票 ・相続人全員の印鑑証明書 ・遺産分割協議書 ・その他

遺産分割協議書の書き方

誰が何を取得するかを具体的に記載する

不動産については「登記事項証明書」の通りに記載する

相続人全員の署名押印(実印)を行う

遺産分割協議書

平成○○年3月4日に死亡した被相続人田中一郎の遺産については、同人の相続人の全員において分割協議を行った結果、各相続人がそれぞれ下記の通り遺産を分割し、取得することに決定した。

1. 相続人田中花子が取得する財産
 (1) 土地
  所在　杉並区○○8丁目
  地番　8番地20号
  地目　宅地
  地積　165平方メートル
 (2) 建物
  所在　杉並区○○8丁目8番地20号
  家屋番号　8番地20号
  種類　居宅
  構造　木造瓦葺2階建
  床面積　1階　80.00平方メートル
      2階　50.30平方メートル
 (3) 定期預金　50,000,000円
 (4) 家財一式

2. 相続人田中六輔が取得する財産
 (1) ○○銀行杉並支店　普通預金　口座番号1234567
  2,000,000円
 (2) ○○銀行杉並支店　定期預金　口座番号2345678
  15,000,000円

3. 相続人佐藤恵子が取得する財産
 (1) ○○銀行杉並支店　定期預金　口座番号9876543
  18,000,000円

4. 相続人田中花子は、被相続人田中一郎の債務及び葬式費用を負担する。
 (1) 債務　○○銀行杉並支店　借入金　5,000,000円
 (2) 葬式費用　○○葬儀社　新宿区新宿8丁目○番○号　1,500,000円

上記の通り、相続人全員による遺産分割の協議が成立したので、これを証するための本書を作成し、各自署名押印のうえ、各自一通ずつ所持するものとする。

平成○○年○月○日

東京都杉並区○○8丁目8番20号
相続人　田中花子　(印：田中)

東京都杉並区○○8丁目8番20号
相続人　田中六輔　(印：田中)

神奈川県横浜市○○町1丁目3番地1号
相続人　佐藤恵子　(印：佐藤)

解説 自ら招いた行為で相続権を失った人は

「相続欠格者」とはどんな人？

相続に関して自分に有利になるように他の相続人を殺したり、犯罪や不正行為を働いた人に相続権を認めるのは妥当ではありません。こんな人に財産など相続させたくありません。

そこで民法では、相続欠格の事由として次の五つを挙げています。

ア. 被相続人または自分より先順位、同順位の相続人を故意に殺害、または殺害未遂を犯した人。

イ. 被相続人が殺されたことを知りながら、告発・告訴しない人。

ウ. 被相続人が遺言すること、その取消し、変更することを詐欺・強迫で妨げた人。

エ. 詐欺や強迫で、被相続人に遺言させたり、取消しや変更させた人。

オ. 遺言書を偽造・変造・破棄・隠匿《いんとく》した人。

相続欠格事由に該当すれば、裁判所の手続きは何ら必要なく相続の資格を失い、遺贈も受けることができません。つまり、相続財産は相続欠格者には渡りません。では、どうやってその人が相続の資格を失ったと証明することができるのでしょうか。

通常、わざわざ「相続の資格を失った人です」と言う必要はありませんが、たとえば、土地や建物などの不動産相続登記を申請する場合、法務局の登記官は添付された書面によって相続欠格事由に該当するかどうか判断することになります。

そのような書面として、「相続欠格に該当する旨の本人作成の証明書（印鑑証明書付）」を添付するのが実務の取り扱いです。そうはいっても、実務上の問題として相続欠格者がそのような証明書を作成してくれるとは限りません。

このような場合、裁判を起こしてその相続欠格者を相手取り、被告（相続欠格者）が相続人の地位を有しないことの確認を求める訴えを起こして、原告の請求を認める判決が確定すれば、その判決書を相続登記の申請書に添付することになります。

「相続廃除された人」とはどんな人？

親にたびたび重大な暴力を振るったり、虐待をした場合に、被相続人の意思で相続権を奪うことができます。ただし、自分の言うことを聞かないからといった程度では、廃除は認められません。

廃除の対象となる人は遺留分を有する相続人（配偶者・子・父母）のみで、遺留分請求権を持たない兄弟姉妹は廃除の対象から除かれます。

廃除をするには、家庭裁判所へ審判の申し立てが必要になります。親だからといって勝手に廃除することはできません。

申し立ては次の二つの方法があります。

ア．被相続人が生前に請求する。

イ．遺言書に「廃除する」と書き、遺言執行者が相続排除の審判の申し立てをする。

廃除は家庭裁判所が次の三つの理由により廃除するに値すると決定した場合です。

A．被相続人を虐待した。

B．被相続人に重大な侮辱を与えた。

C．著しい非行があった。

被相続人はいつでも廃除の取り消しができます。この場合、家庭裁判所への申し立てが必要となります。また、相続欠格者には、遺贈で相続財産を分けることはできませんが、廃除を受けた人に財産を分けたいと思ったら、遺贈することができます。

相続人がいないときの財産の行方は？

親や兄弟姉妹がいる場合は、独身者でも葬儀や家財道具の後始末については多少の気がかりがあったとしても、亡くなった後の事後処理はしてもらえるものと思います。

しかし、独身者で身寄りがなく相続人が誰もいない人が亡くなったら、その財産はどうなるのでしょうか？

相続人が誰もいないとき、利害関係人は家庭裁判所に「相続財産管理人の選任申立」を行い、家庭裁判所は遺された財産の管理・清算を行う「相続財産管理人」を選任します。一般的には弁護士や司法書士等が選ばれることになっています。

家庭裁判所は、相続財産管理人が選任されたことを官報で公告し、もし相続人がいれば名乗り出るよう促します。相続財産管理人はその間に相続人を探します。

それでも相続人が見つからないときは、特別縁故者の請求によって、家庭裁判所が財産を分配することになります。

特別縁故者とは、次のような人を指します。

①相続人と生計を同じくしていた者

- 内縁の妻や夫
- 養子縁組をしていない再婚相手の連れ子

②被相続人の療養看護に努めた者

- 親族や知人などで特に被相続人の療養看護に尽くした人

③その他被相続人と特別な縁故があった者

この手続きを得ても財産が残る場合、最終的には国のものとなります。

遺産を寄付するという選択も

このように、身寄りがなく法定相続人がいない場合でも、特定の方に確実に財産を遺す方法として「遺言」があります。

遺言があれば、お世話になった知人に財産を遺したり、母校や孤児院、特定の団体などに遺産を寄付することができます。

なお、団体によっては、受け入れは金銭のみで不動産は受け取ってもらえないこともありますので、あらかじめ確認しておくとよいでしょう。

II

相続税を知る

1 相続財産から控除されるものとは？

●相続前に節税対策を

相続税が課税される財産は、プラスの財産から葬式費用や借入金などの債務を差し引き、そこから基礎控除額を差し引いて相続税を計算します。

相続開始前に節税対策を立てておけば、相続税が課されずに済むケースがあります。たとえば、贈与税の配偶者控除の適用を受けていれば相続財産を２０００万円も少なくすることができ、その分の相続税を納付せずに済みます。

のちほど詳しく解説しますが、小規模宅地等の特例を適用することができれば、土地の評価額を80パーセントも減額することができ、大きな節税となります。また、被相続人の死亡時に受け取る生命保険金は、その非課税額を利用して相続財産を少なくすることもでき、納税資金対策にもなります。この章では相続税・贈与税の基本と、個々の節税対策について詳しく解説していきたいと思います。

相続財産の範囲と控除できるもの

相続財産に含まれる財産の範囲

(1) 本来の相続財産
- 土地建物
- 預貯金
- 有価証券
- ゴルフ会員権など
- 家財道具
- 趣味の品
- その他

(2) みなし相続財産
- 死亡時の生命保険金
- 死亡時の退職手当金
- その他

(3) 相続開始前３年以内の贈与

(4) 相続時精算課税

- 住宅取得資金の贈与
- 暦年課税贈与
- 贈与税の配偶者控除
- 小規模宅地等の特例
- 生命保険金の非課税額
- 葬式費用、借入金などの債務
- 基礎控除額

→ 相続財産から控除できるもの（その他もあります）

課税される相続財産

2 債務控除と葬式費用

債務控除＝マイナス財産を引くこと

相続人は、相続の開始によって被相続人の権利義務を承《しょう》継《けい》します。すなわち、プラスの財産のほかにマイナスの財産も承継します。相続税法では、取得したプラスの財産からマイナスの財産を控除することができますが、マイナスの財産を引くことを債務控除といいます。

債務控除は、その内容に応じて、被相続人の債務と葬式費用に分けることができます。

相続財産から差し引かれる債務とは？

債務控除の対象となる債務は、被相続人の死亡の時に債務として確定しているものに限られます。

したがって、住宅ローン、カードローン、銀行からの借入金、未払の所得税や住民税、固定資産税など相続開始の時に現存する債務であれば控除することができます。

ただし、その債務が生前に購入した墓地や仏壇などの費用で、相続開始の時点で未払いのものは債務控除できません。なお、相続開始後に支払う医療費や入院費は控除することができます。

債務控除ができる人は？

債務控除は、法定相続人および包括受遺者（※45ページ参照）に限って控除することができ、相続を放棄した人、相続権を失った人は控除を受けることができません。しかし、相続を放棄した人、相続権を失った人が被相続人の葬式費用を実際に支払った場合は、その支払った額を遺贈によって取得した財産から債務控除しても差し支えないことになっています。

相続人の間で債務を負担する割合が決まっていない場合は、法定相続分または包括遺贈の割合に応じて債務控除する金額を計算します。

プラスの財産－マイナスの財産＝課税される財産

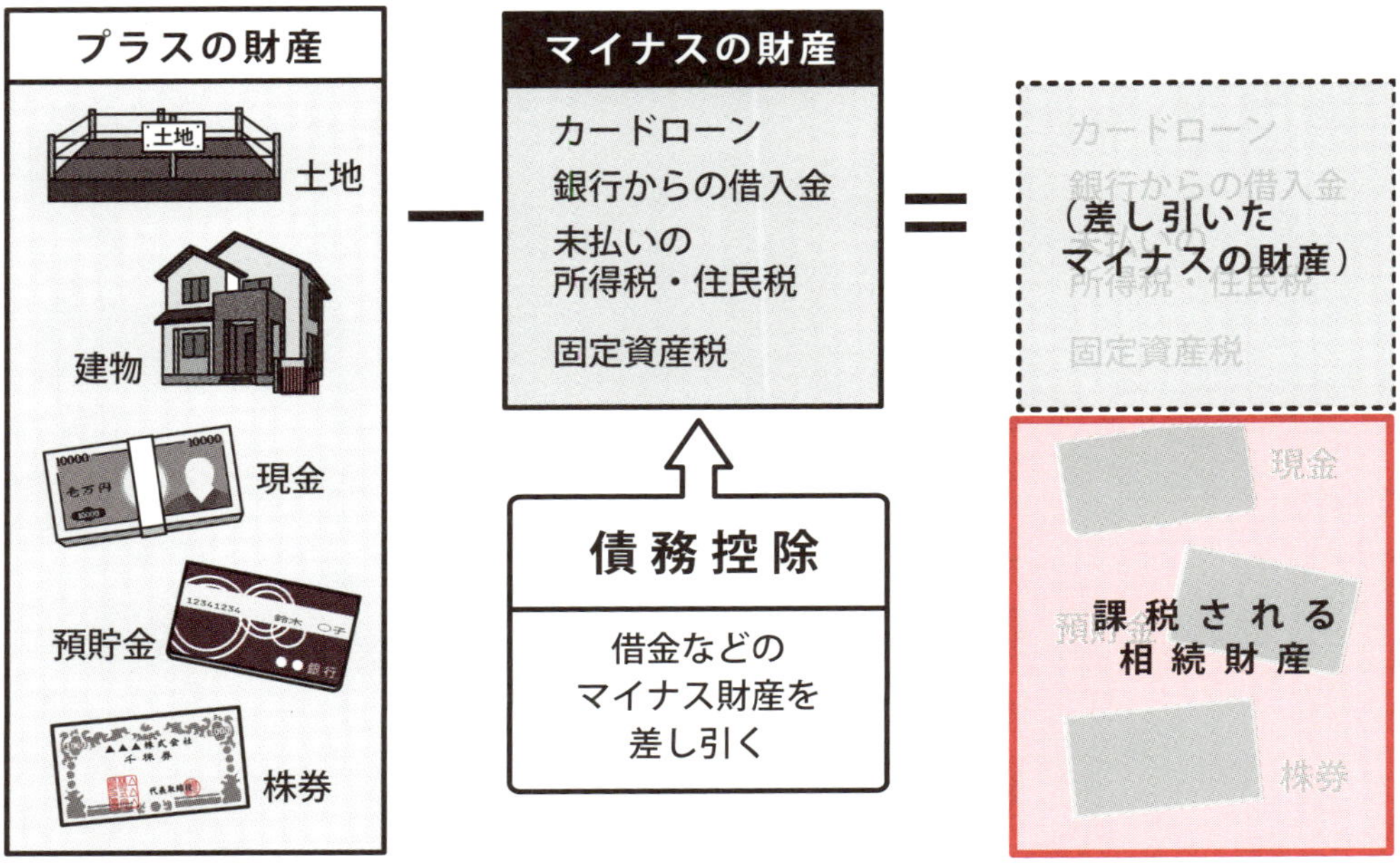

相続財産から差し引かれる葬式費用

葬式費用は、被相続人の死亡以前の確定した債務ではありませんが、相続財産から支出した費用として控除することができます。しかし、一口に葬式と言っても宗教や宗派、地域の慣習や習慣によって実に様々であるため、どこまでが葬式費用として認められるかは、社会通念に即して判断されることになります。

葬式費用として控除できる費用は次ページの表の通りですが、通常の葬儀の前後に要する費用はほとんどすべて認められます。

そのため、これらの費用を支払った際には領収書を保存しておくこと。また、領収書のない支払いがあることも多いので、支払年月日、支払先、支払金額や支払目的などメモをとっておけば、葬式費用として控除を受けることができます。

また、税務調査の際、支払内容の確認をされるので、戸惑うことがないようにしておくことが大事です。

葬式費用の取り扱い

葬式費用とされるもの	①葬式や葬送に際し、またはそれらの前において埋葬、火葬、納骨などに要した費用（仮葬式と本葬式とを行うものにあっては、その双方の費用）。 ②葬式に際し、施与した金品で、被相続人の職業、財産その他の事情に照らして相当程度と認められる費用。 ③上記①及び②に掲げるもののほか、葬式の前後に生じた出費で通常葬式に伴うものと認められるもの。 ④死体の捜索または死体もしくは遺骨の運搬に要した費用。 具体的には通夜の費用、本葬費用、葬式会場借上費用（会場費用）、通夜・葬儀時の飲食代、読経料、御布施、御車代、戒名料、心付け、死亡診断書文書料、納骨費用、会葬御礼費用、葬儀社に支払った費用、タクシー代、お手伝いの人への御礼など。

葬式費用に入らないもの	内　容
①香典返礼費用	葬儀で受け取った香典に贈与税が課税されないため、支出する香典返礼金は費用とならない。
②墓碑及び墓地の購入費並びに墓地の借入料	墓地や仏壇は非課税財産となっているため、また位牌や墓石の彫刻も同様に葬式費用に含まれない。
③法会に要する費用	初七日や四十九日、一周忌、三回忌などの法事に要した費用は、遺族が社会生活を営む上で負担すべきものであること、そして死者を弔う儀式である葬式とは異なるため。
④医学上または裁判上の特別の処置に要した費用	死亡解剖に要した費用などは、葬式とは関係がないため。

3 遺産から差し引かれる基礎控除額

●基礎控除額とは？

相続税は、正味の相続財産（プラスの相続財産－マイナスの相続財産）から、一定額を差し引き、それを超える財産に相続税が課されます。相続財産から差し引くことができる一定額を「基礎控除額」といいます。

この「基礎控除額」は、少額の財産にまで税金をかけるのは酷だという考え方によるもので、相続が発生するとどの家庭でも無条件に差し引くことができます。その金額は法定相続人の数によって異なります。基礎控除額の計算式は、**「3000万円＋600万円×法定相続人の数」**で計算します。詳しくは左ページの例をご覧ください。

被相続人が所有していた財産が基礎控除額以下だと、相続税はかからないので、相続税を支払う必要はありませんし、相続税の申告をする必要もありません。

ただし、後でお話ししますが、「小規模宅地等の特例」や「配偶者の税額軽減」を使った場合は、相続税の申告が要件となっていますので、相続税の納付税額がなくても相続税の申告書を提出する必要があります。

相続税の計算構造

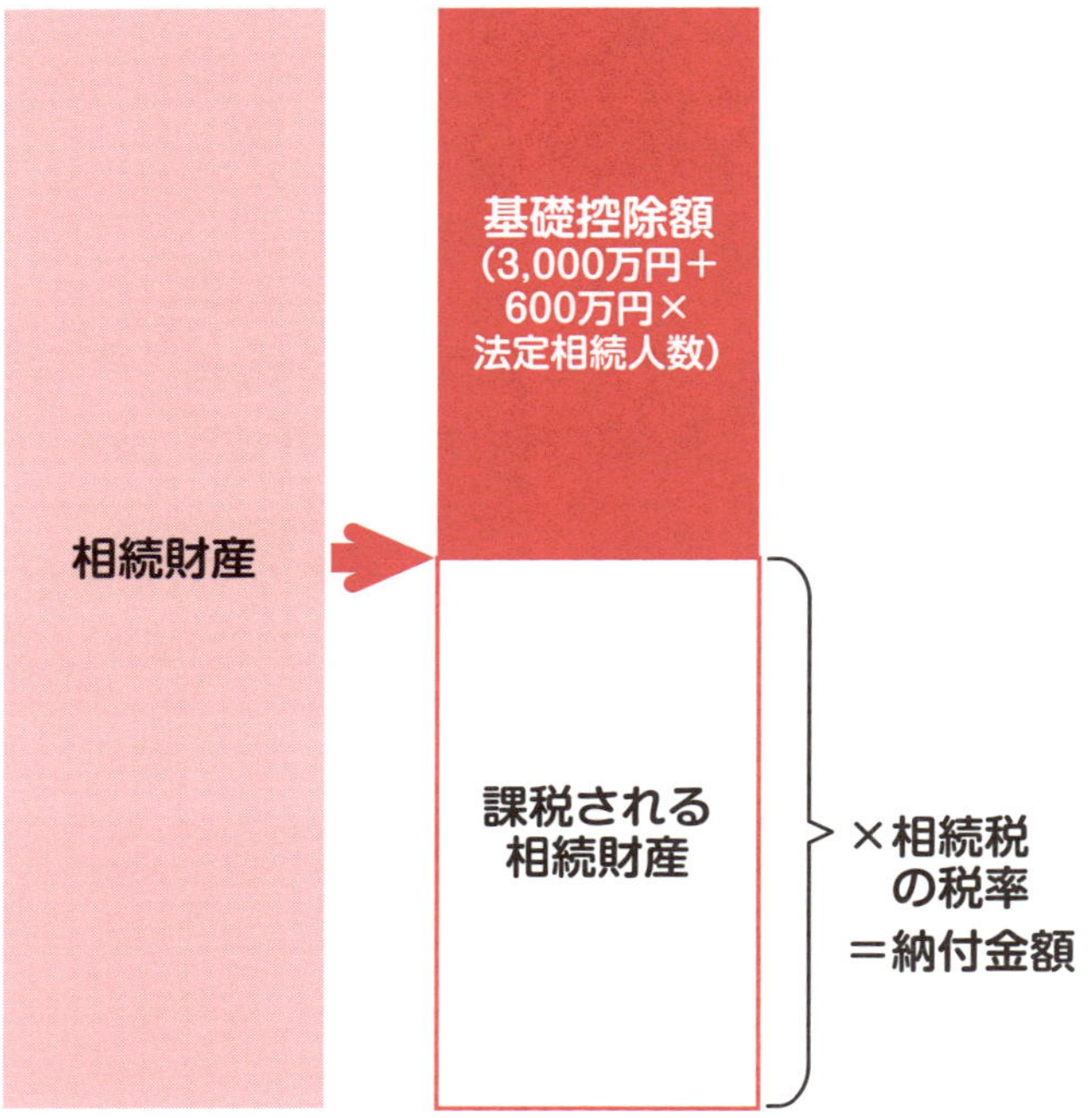

基礎控除額を超えるか否かがポイントとなる

被相続人の相続財産が１億円。
相続人は妻と長男、長女の３人だとします。

◆基礎控除額

3,000 万円＋ 600 万円×法定相続人（3 人）＝ 4,800 万円

相続財産がこの額におさまれば相続税はかからない‼

◆課税遺産総額

課税遺産総額　1 億円－ 4,800 万円＝ 5,200 万円

法定相続人の数	基礎控除額
1人	3,600万円
2人	4,200万円
3人	4,800万円
4人	5,400万円
5人	6,000万円
6人	6,600万円
7人	7,200万円

基礎控除額 4,800 万円を控除した後の課税遺産が 5,200 万円となるため相続税の申告が必要ということになります。

法定相続人の数の計算

法定相続人の数は、相続の放棄があったとしても、その放棄がなかったものとして法定相続人の数を計算します。なぜなら、相続の放棄をした人を法定相続人から除外することを認めてしまうと、そのことで法定相続人が増えることになる場合があるからです（※例えば第一順位の相続人が長男1人だけの場合、もしもその長男が相続放棄したら、第二順位の相続人である父母の2人に順番が回ってくるため、法定相続人が1人増えてしまう）。

また、法定相続人のなかに複数の養子がいる場合、次の通り制限されます。

- 被相続人に実子がいる場合、養子は1人までを法定相続人に含めます。
- 被相続人に実子がいない場合は、養子は2人までを法定相続人に含めます。
- 後妻の連れ子と養子縁組した場合は、養子の数に制限はありません。
- 特別養子縁組した子は、養子の数に制限はありません。

相続税の計算における「法定相続人の数」の考え方

1．相続放棄をした人がいても、法定相続人の数に含める

長男が相続放棄した場合も「法定相続人の数」に含めて計算する。

法定相続人の数 → 3人 妻、長男、長女

2．養子の数に制限がある

実子がいる場合は1人まで、いない場合は2人まで含めることができる。この例の場合、養子は2人いるが、「法定相続人の数」に含められる養子は1人のみとなる。

法定相続人の数 ➡ 3人
妻、実子、養子A（又は養子B）

3．連れ子を養子にした場合

連れ子を養子にした場合は養子の数に制限はない。

法定相続人の数 ➡ 5人
後妻、長男、長女、次女、三女

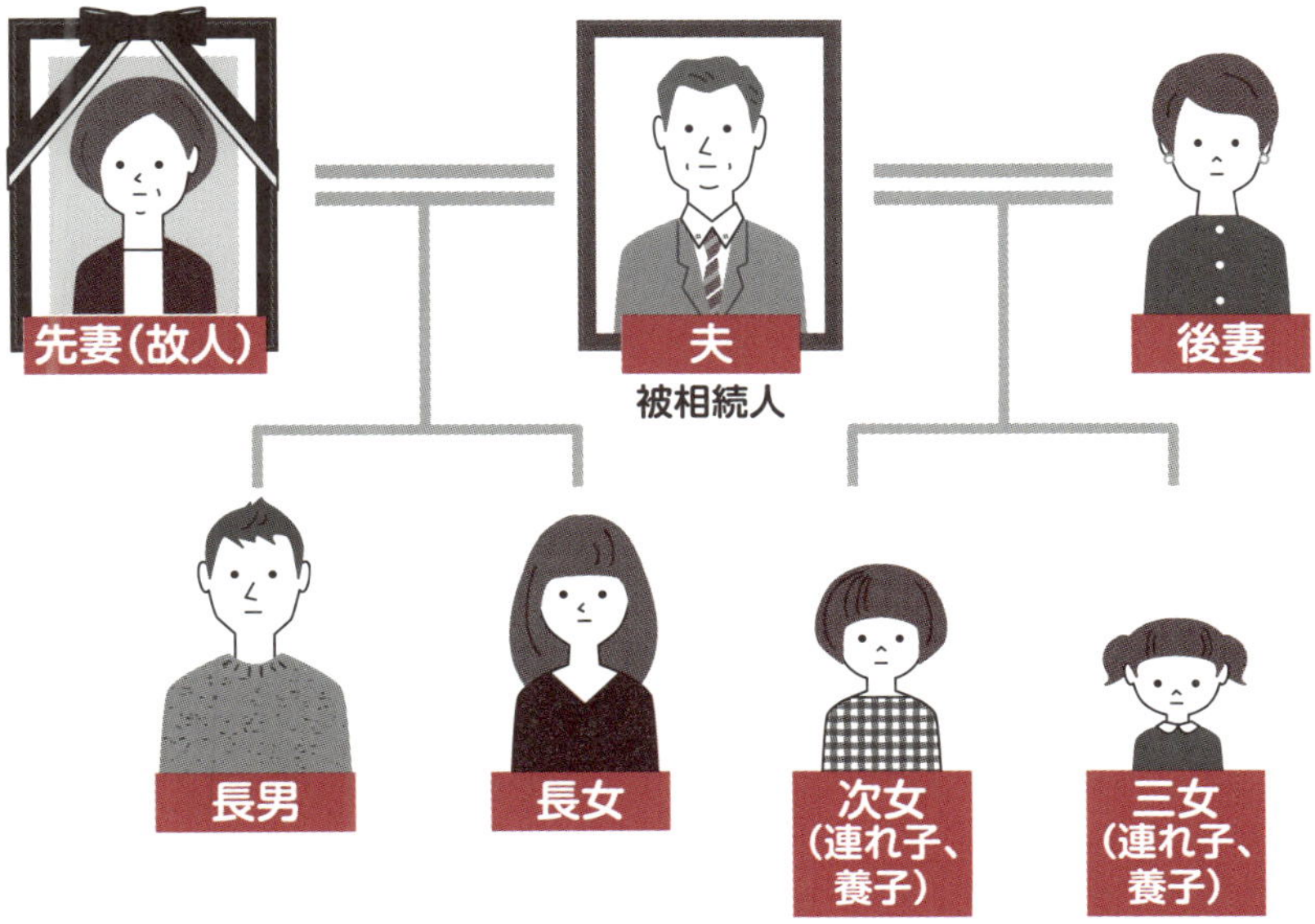

4 小規模宅地等の特例とはどんな制度？（特定居住用宅地等）

●土地の評価額を大幅に減額できる

相続税を払うために住んでいる家や土地を売らなければならない……そんな事態を避けるために設けられた制度が「小規模宅地等の特例」です。この制度は、相続により取得した土地のうち一定の面積までは、土地の評価額を80％（または50％）減額することができるというものです。

小規模宅地等の特例は、被相続人の事業用に使っていた「特定事業用宅地等」、被相続人の居住用に使っていた「特定居住用宅地等」、被相続人が賃貸マンションなどとして貸し付けていた「貸付事業用宅地等」の三つに分けられます。それぞれの減額対象となる面積の上限と減額割合については、74ページ下の表「小規模宅地等の種類と減額の割合」にまとめてありますのでご覧ください。

一般の家庭であれば、相続財産の中で大きな比重を占めているのが土地・建物の居住用宅地でしょう。

小規模宅地等の特例の「居住用宅地等」に該当すれば、土地の評価額が1億円だった場合、相続税の計算上、その土地の評価額は80％減額されて2000万円になります。つまりその差は8000万円。この特例を使うのと使わないのとでは、大きく変わってきます。

特定居住用宅地等は、配偶者の場合は、相続または遺贈によって取得していれば他に要件はありません。しかし、子供などが取得した場合は、申告期限まで居住継続、保有継続など厳しい要件があるためシッカリ確認する必要があります。

また、この特例を利用する場合は、相続税の申告書を申告期限までに提出しなければなりません。相続税の納税額がゼロの場合でも、申告書を提出しないとこの特例は受けられませんので気をつけてください。

土地の評価額を減額できる小規模宅地等の特例

居住用宅地の場合

330㎡の土地の場合	1億円の土地の場合
330㎡×80% 減額	1億円×80% ＝8,000万円 非課税
課税対象となる部分 330㎡×20%	課税対象となる部分 1億円×20%＝ 2,000万円

押さえておきたい特定居住用宅地等の要件

1．配偶者が取得した場合

●相続または遺贈により取得していること

2．同居子ども（親族）が取得した場合

●相続開始前から居住していること

●相続税の申告期限まで居住していること

●相続税の申告期限まで保有していること

3．家なき子（別居親族）が取得した場合

●相続開始前３年以内に自己または自己の配偶者が所有する持ち家に住んだことがないこと

●被相続人が居住していた家屋に配偶者及び同居の子どもなどがいないこと

●申告期限まで保有していること

【事例】自宅の路線価が1㎡あたり30万円で土地面積が330㎡の場合

「被相続人の自宅の敷地」については、330㎡まで80%減額されます。
居住用の宅地がどれほど減額されるか事例で見ていきたいと思います。

土地の評価額	30万円×330㎡＝9,900万円
小規模宅地等の特例の減額	9,900万円×80%＝7,920万円
相続税の計算における課税対象額	9,900万円－7,920万円＝1,980万円

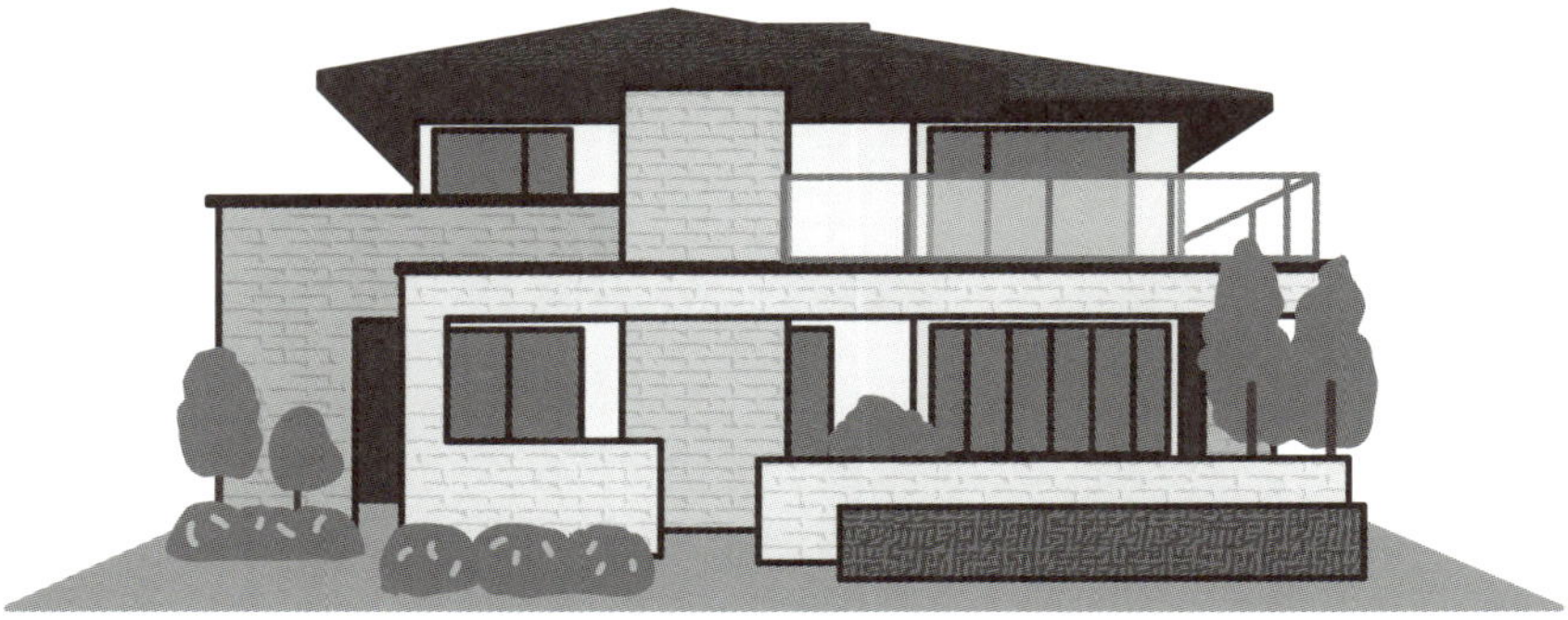

路線価30万円×330㎡＝**9,900**万円

非常に大きな減額!!

限度面積内なので**土地全体が80%減額**

9,900万円×80%　＝7,920万円　→**減額できる額**
9,900万円－7,920万円＝1,980万円　→**課税対象額**

土地の評価額が9,900万円のところ、相続税の課税対象となる財産に含められる金額は1,980万円になる。

小規模宅地等の種類と減額の割合

種類	限度面積	減額の割合
特定居住用宅地等	330㎡	80%
特定事業用宅地等	400㎡	80%
貸付事業用宅地等	200㎡	50%

相続人であれば誰でも使えるというわけではない「特定居住用住宅地等」

死亡した父が居住の用に使っていた土地・建物で、配偶者または子どもが相続、または遺贈によってそれを取得することが節税対策になりますが、配偶者または子どもが、どのような状況でその宅地などに居住し、保有しているかによって特定居住用宅地等の80％減額が使えるか否かが決まるので、気をつけなければいけません。次の三つの事例を見てみましょう。

①配偶者が取得した場合

配偶者が取得した場合は、相続または遺贈によって土地・建物を取得したという要件を満たせば、ほかの要件はないので特定居住用宅地等の特例が適用できます。

たとえば、相続開始直後に子どもの家に移り住んで取得した土地と建物を売却したとしても、特定居住用宅地等の特例の適用を受けることができます（※次ページのⒶ、Ⓑ参照）。

②同居していた子どもが取得した場合

父と同居していた子どもが取得した場合、相続または遺贈によって土地・建物を取得し、申告期限までその家屋に居住していること、かつ、宅地などを保有しているなどの要件を満たしていれば特定居住用宅地等の特例を受けることができます（※77ページⒸ参照）。

③家なき子が取得した場合

「家なき子」とは、相続開始前3年以内に本人または本人の配偶者が所有する持ち家に住んだことがない人をいいます。賃貸マンションや社宅に住んでいる人です。

「家なき子」が父が住んでいた家を相続する場合、父が住んでいた家屋に母や同居している子どもがいない場合に、別居している「家なき子」が相続または遺贈によって土地・建物を取得し、申告期限まで持っていれば、取得した家屋を貸家にしていても特定居住用宅地等の特例を受けることができます（※77ページⒹ参照）。

特定住居用宅地等の減額が認められる場合

A 配偶者が取得した場合①

配偶者が土地・建物を相続すれば、無条件で特例が適用される。配偶者がそのまま建物に住み続けることも、もちろんOK。

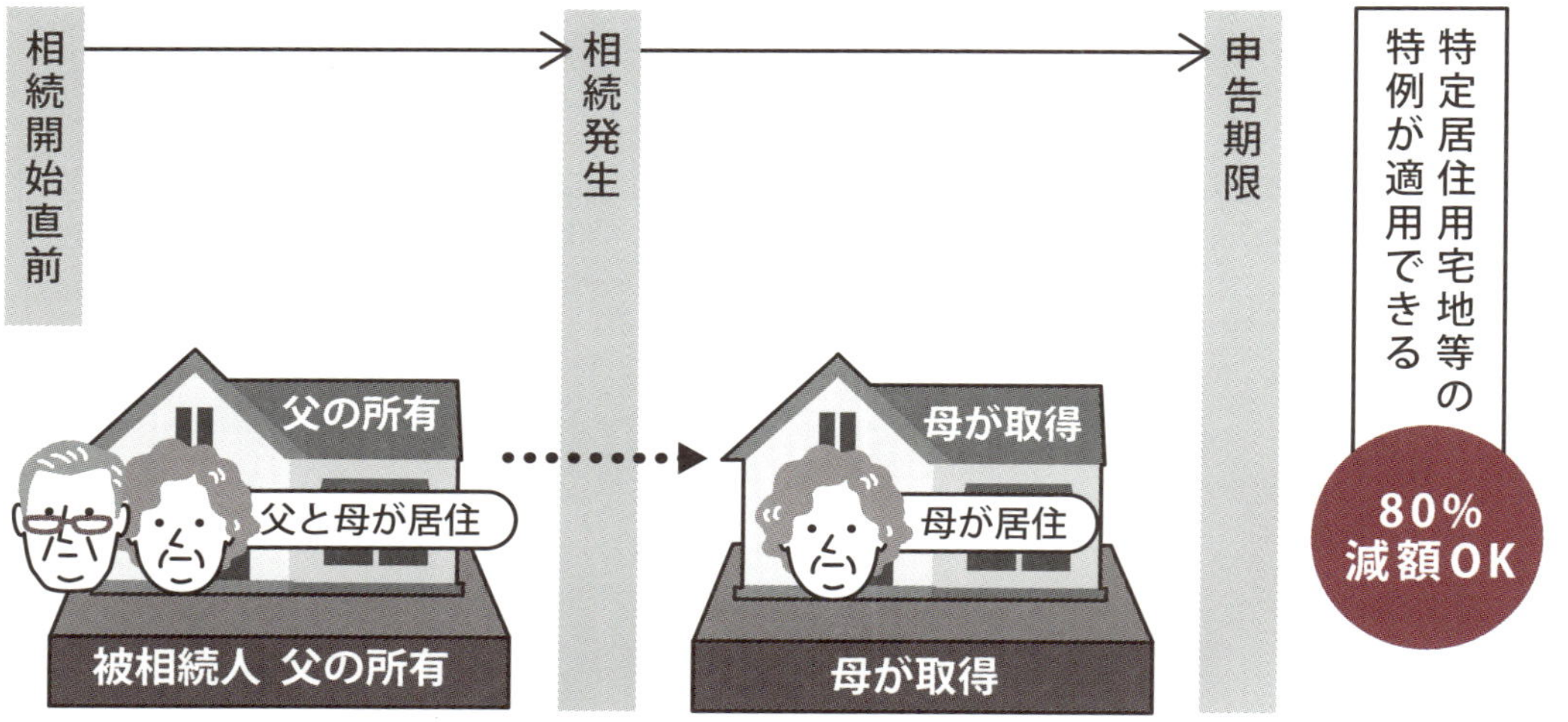

B 配偶者が取得した場合②

配偶者が土地・建物を相続すれば、相続開始直後に子どもの家に移り住んで、取得した土地と建物を売却したとしても、特例が適用できる。

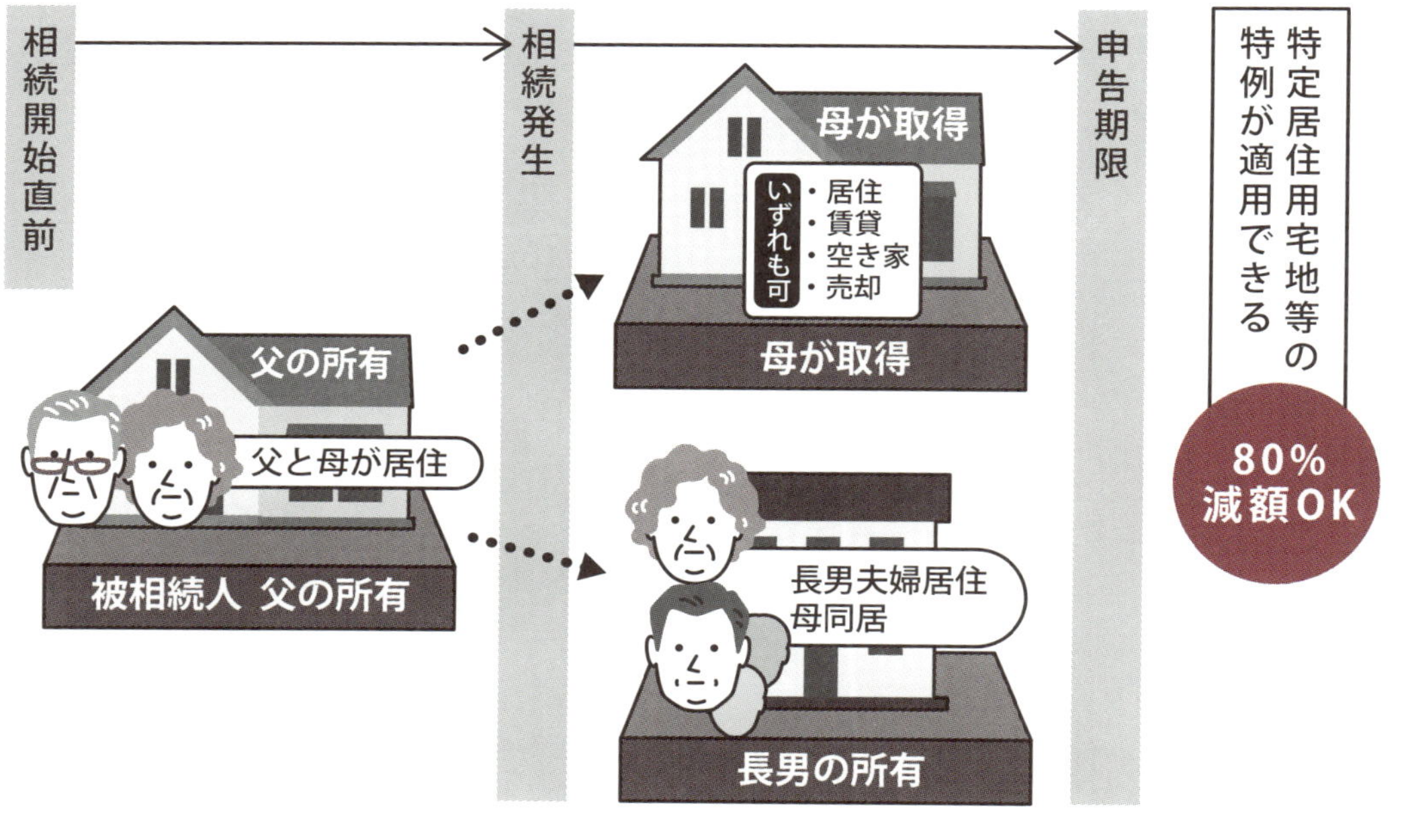

C 同居していた子供が取得した場合

同居していた長女が相続発生から10カ月後の申告期限まで居住・保有していれば、特例が適用できる。

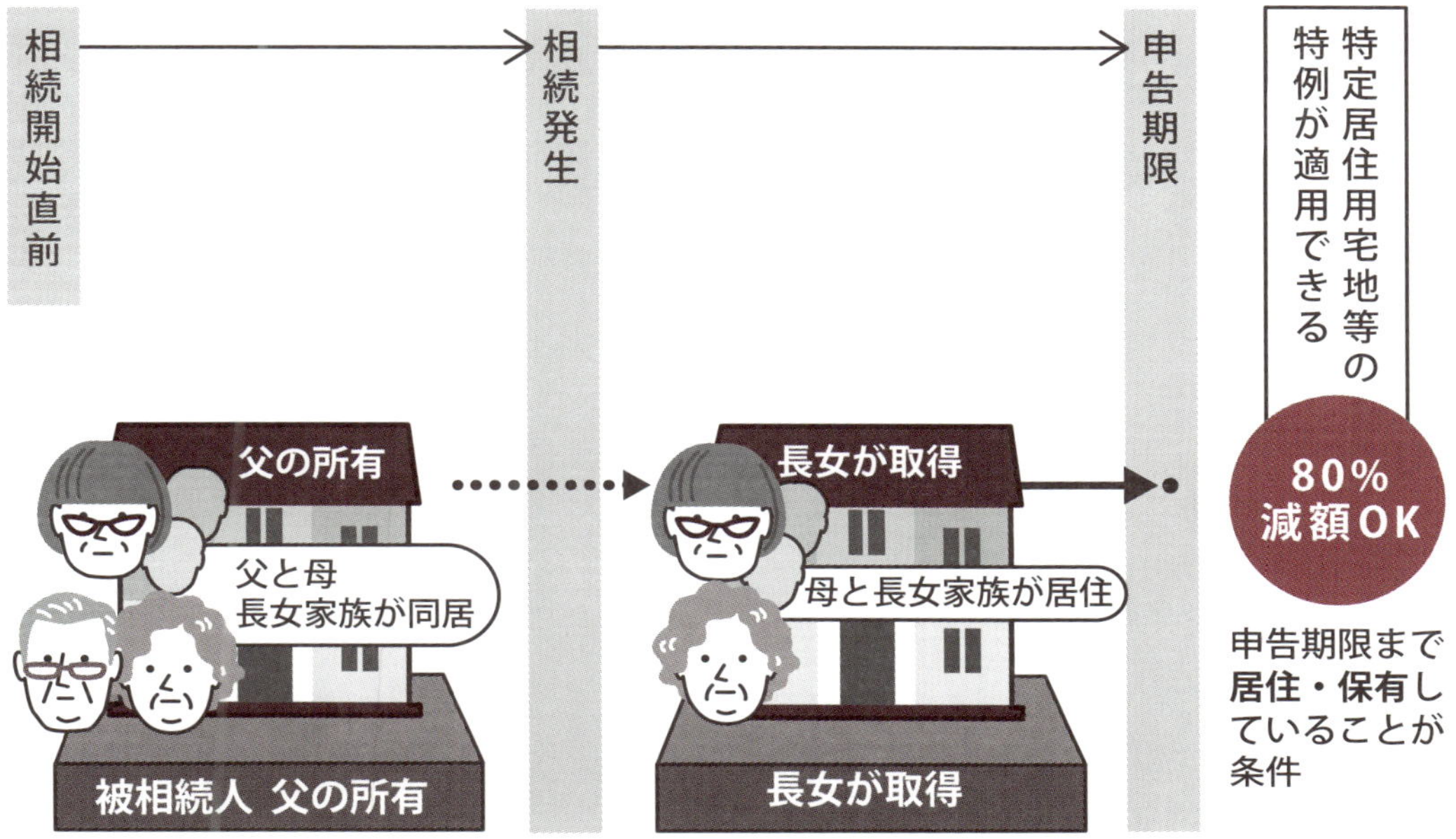

D 家なき子が取得した場合

長男は、取得した土地と建物を申告期限まで保有していれば特例が適用できる。家を貸し出したりしてもよいが、申告期限前に売却して手放してしまうと特例は適用できない。

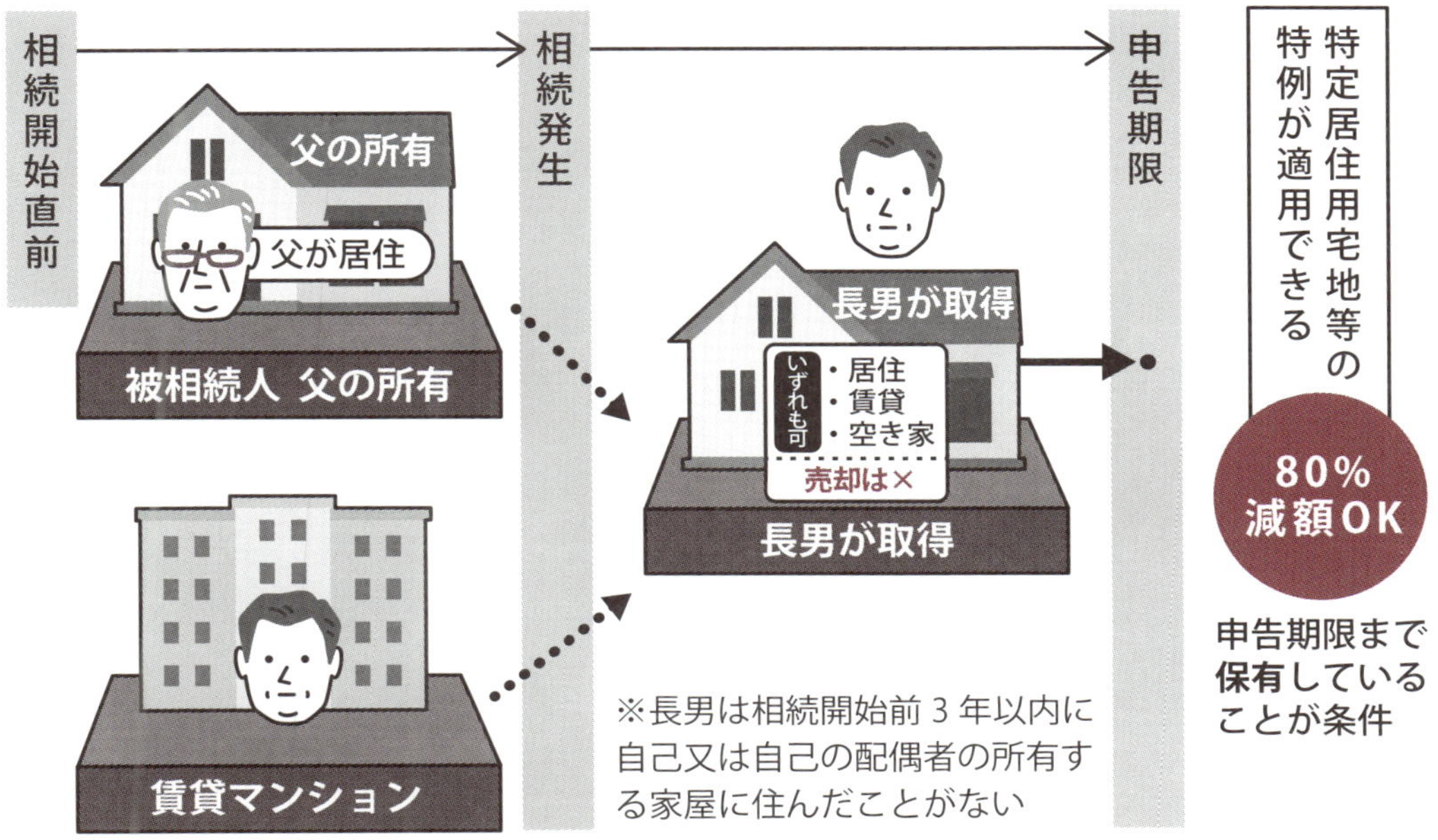

メモ

路線価とは？

国税庁では、宅地の価額を計算する場合に、「路線価方式」と「倍率方式」の2つの方法を定めています。

路線価方式：路線価とは、道路に1㎡当たりの値段をつけていて、所有する宅地の面積に該当する路線価を乗じて計算します。国税庁が毎年7月1日ごろ発表しています。この路線価は、1月に亡くなられても12月に亡くなられても同じ路線価を使います。

倍率方式：倍率方式とは、路線価が定められていない地域の評価方法です。郊外や地方では道路に値段がつけられていないため、地域ごとに倍率が定められていて、所有する土地の固定資産税評価額に該当する倍率を乗じて土地評価額を計算します。

土地の評価額の計算

1．国税庁が路線価を定めている地域（主に市街地）→路線価方式で計算する

路線価 × 土地の面積（㎡） ＝ 土地の評価額

この道路に面した土地を160㎡所有（道路に記された数値が路線価［単位は千円］）

45万円×160㎡＝7,200万円➡土地の評価額

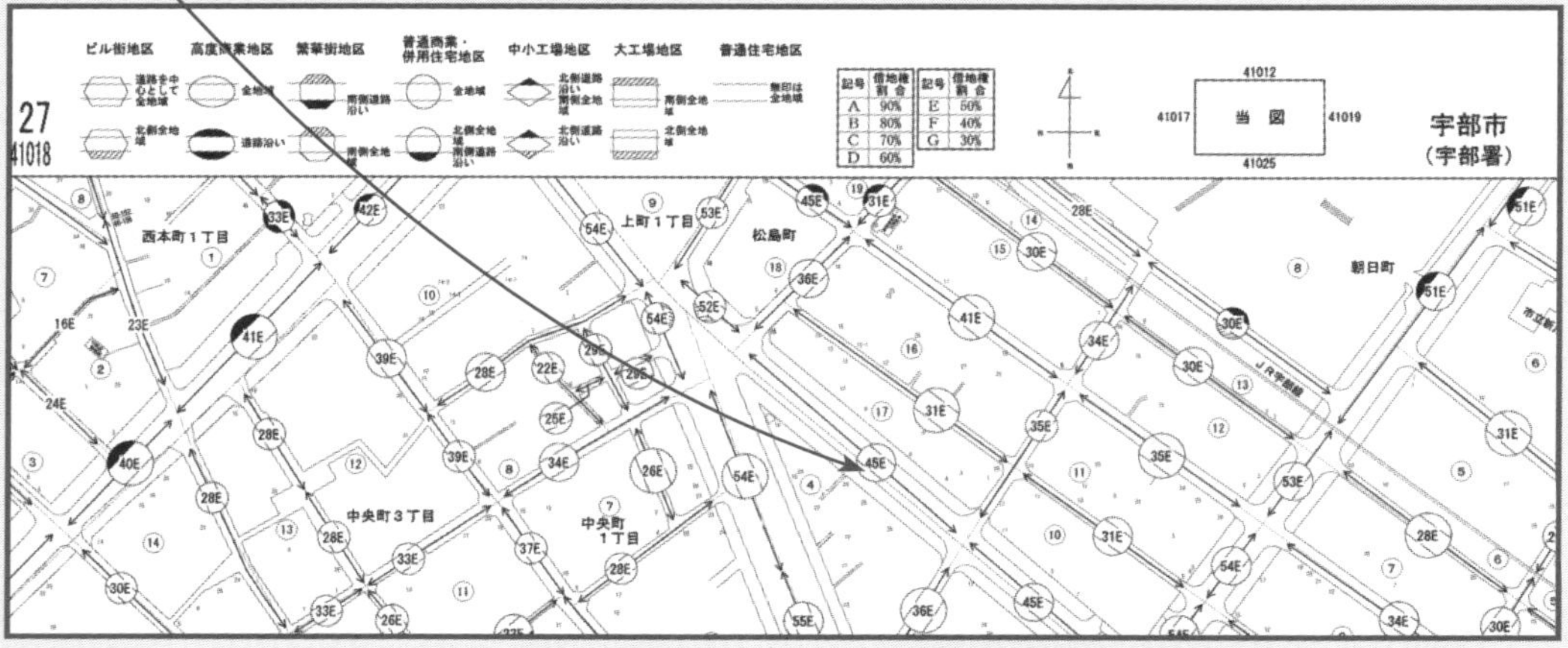

路線価図は国税庁のホームページで確認可能

2．路線価がついていない地域（郊外や地方）の場合→倍率方式で計算する

所有する土地の固定資産税評価額 × **倍　率** ＝ **土地の評価額**

下図にある上条1～3丁目に固定資産税評価額3,000万円の土地を所有する場合

3,000万円×1.1＝3,300万円➡土地の評価額

平成27年分　　倍　率　表　　1頁

市区町村名：宇部市　　宇部税務署

音順	町（丁目）又は大字名	適用地域名	借地権割合	固定資産税評価額に乗ずる倍率等 宅地	田	畑	山林	原野	牧場	池沼
			%	倍	倍	倍	倍	倍	倍	倍
あ	相生町	全域	—	路線	—	—	—	—		
	上条1～3丁目	全域	40	1.1	周比準	周比準	市比準	市比準		
	上条4丁目	路線価地域	—	路線	周比準	周比準	市比準	市比準		
		上記以外の地域	40	1.1	周比準	周比準	市比準	市比準		
	上条5丁目	全域	40	1.1	周比準	周比準	市比準	市比準		
	朝日町	全域	—	路線	—	—	—	—		
	芦河内	全域	30	1.1	純 2.2	純 3.0	純 1.4	純 1.4		
	あすとぴあ1～7丁目	全域	40	1.1	—	—	市比準	市比準		
	荒瀬	全域	30	1.1	純 2.2	純 3.0	純 1.4	純 1.4		

倍率表は国税庁のホームページで確認可能

3．マンション住まいの場合→マンション全体の土地の評価額のうちの自分の持ち分

マンションを売り買いすると、その敷地権割合（敷地利用権）も一緒に売り買いされる。

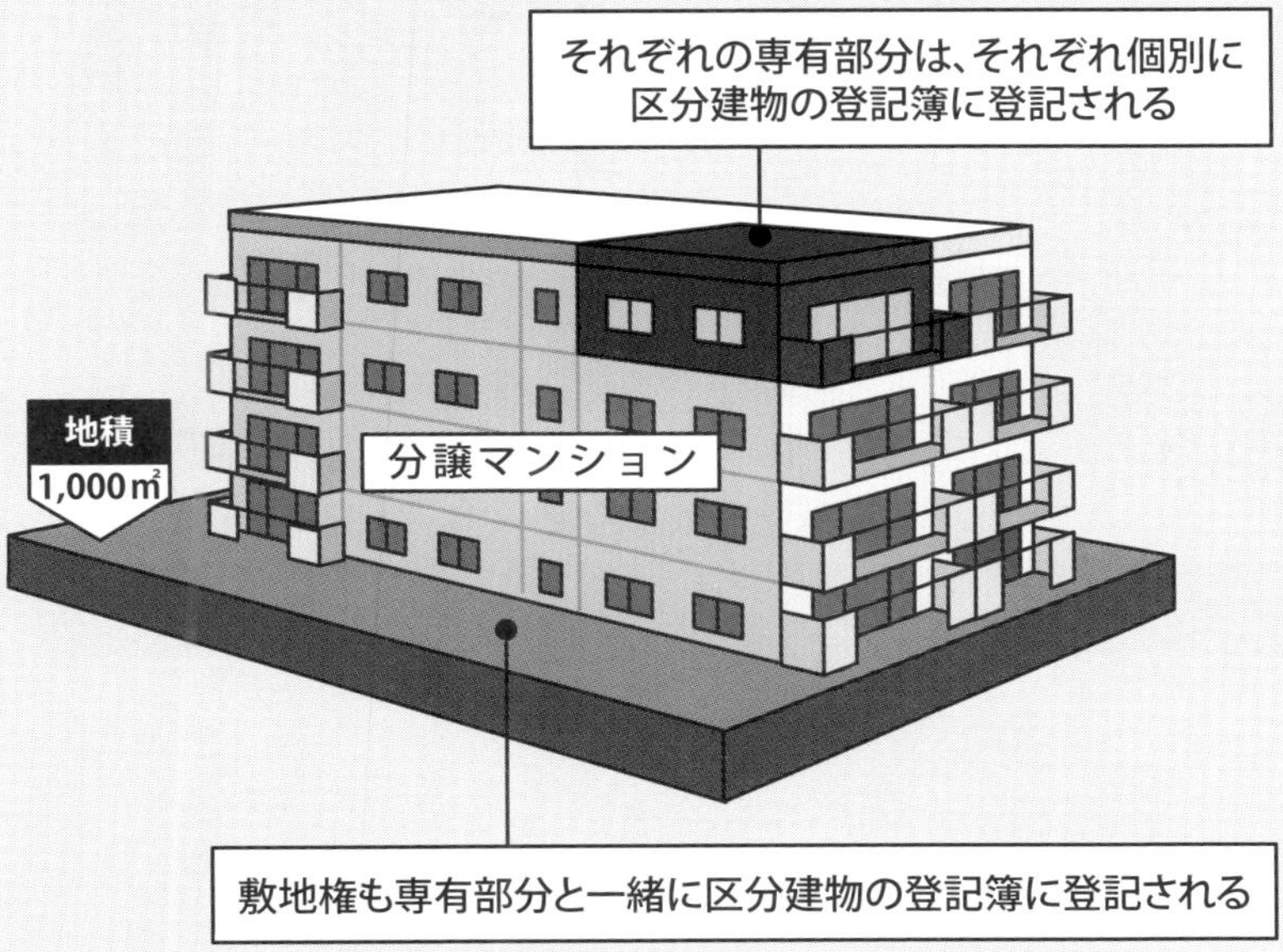
それぞれの専有部分は、それぞれ個別に区分建物の登記簿に登記される
地積
1,000㎡
分譲マンション
敷地権も専有部分と一緒に区分建物の登記簿に登記される

敷地権割合を $\frac{100}{10,000}$ 路線価を700千円（単位:千円）**とした場合**

地積1,000㎡×路線価700千円
＝7億円

7億円× $\frac{100}{10,000}$
＝700万円

700万円が土地の評価額となる

二世帯住宅に明暗が

このたび、父と母が暮らしていた平屋を取り壊し、長女家族と二世帯住宅を建てることになりました。父が所有している宅地に父と子供が居住する、いわゆる二世帯住宅を建築する場合、気をつけなければいけないのが建物登記についてです。

「区分所有登記しているか」、「区分所有登記していないか」で特定居住用宅地等の特例が受けられるか、受けられないかの明暗が分かれるからです。

この場合の建物の構造ですが、建物内部で行き来できるタイプでも、別々の出入り口がある完全分離型のタイプでも、どちらでも構いません。

「区分所有登記していない」場合、建物の構造を問わず特定居住用宅地等の特例の80％の減額を受けることができますが、「区分所有登記している」場合は、特定居住用宅地等の特例の80％の減額の対象とはなりません。

ただ、「区分所有登記している」場合でも、ある一定の場合は特定居住用宅地等の適用を受けられることもありますので、税理士に相談されることをお勧めします。

①二世帯住宅で建物の区分所有登記なしの場合

⇒特定居住用宅地等の特例が適用できる

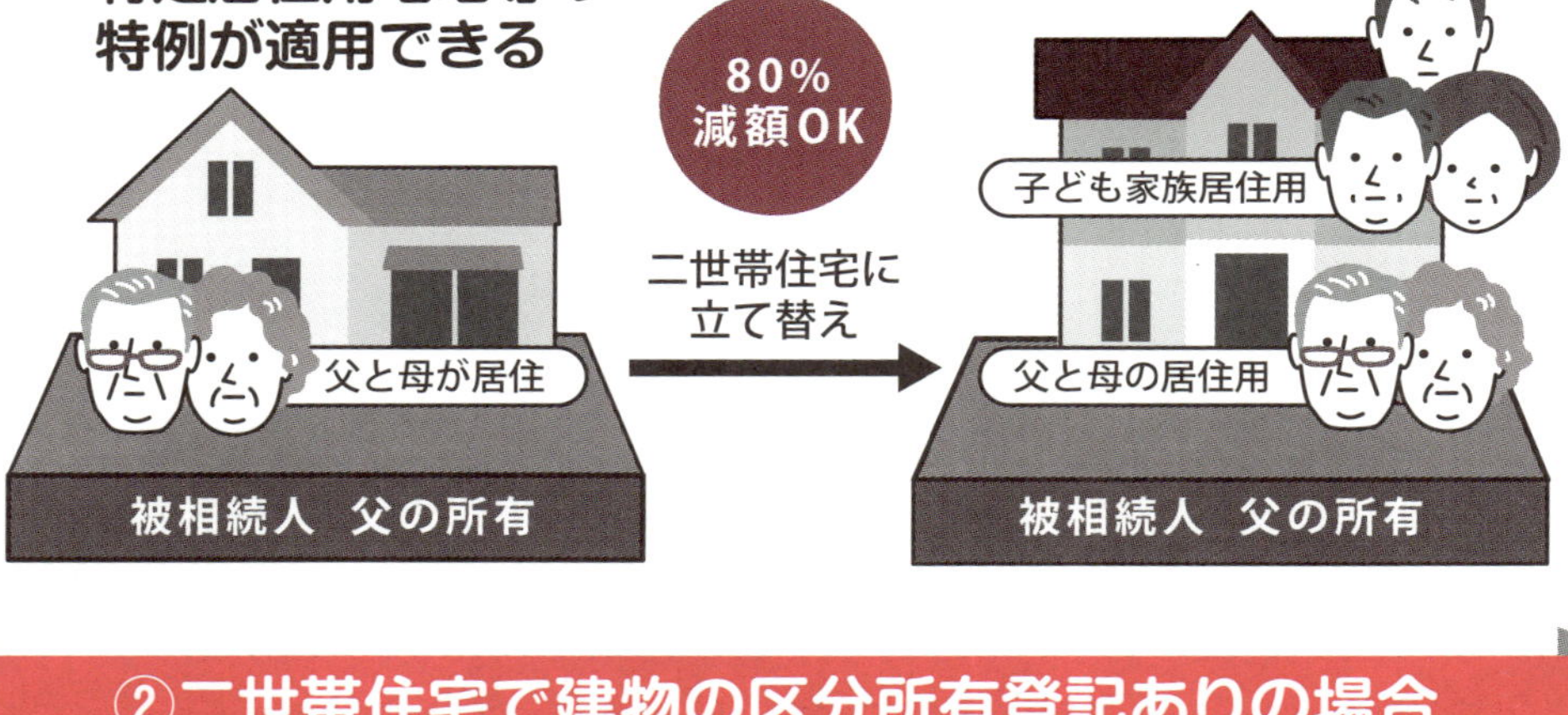

②二世帯住宅で建物の区分所有登記ありの場合

特定居住用宅地等の
特例適用外

せっかく建てた二世帯住宅、子に突然の転勤命令が…

夫の父が所有していた土地に、父と夫で区分所有登記していない二世帯住宅を共同で建築しましたが、その後、夫に転勤命令が出てしまいました。

このような場合、家族一同で赴任先に転居してしまい、その赴任期間中に父が亡くなった場合、特定居住用宅地等の特例を受けることができなくなります。

また、被相続人である父からの相続財産として土地と家屋を取得後、相続税の申告期限前に赴任先の夫の元へ妻と子供が移転した場合も、特定居住用宅地等の特例を受けることができなくなります。

このような事例の場合は、夫のみ単身赴任をして、相続税の申告期限まで妻や子が引き続きその二世帯住宅に住んでいれば生活の拠点として認められますので、この特例の適用を受けることができます。

夫のみが単身赴任した場合

⇒特定居住用宅地等の特例が適用できる

80%減額OK

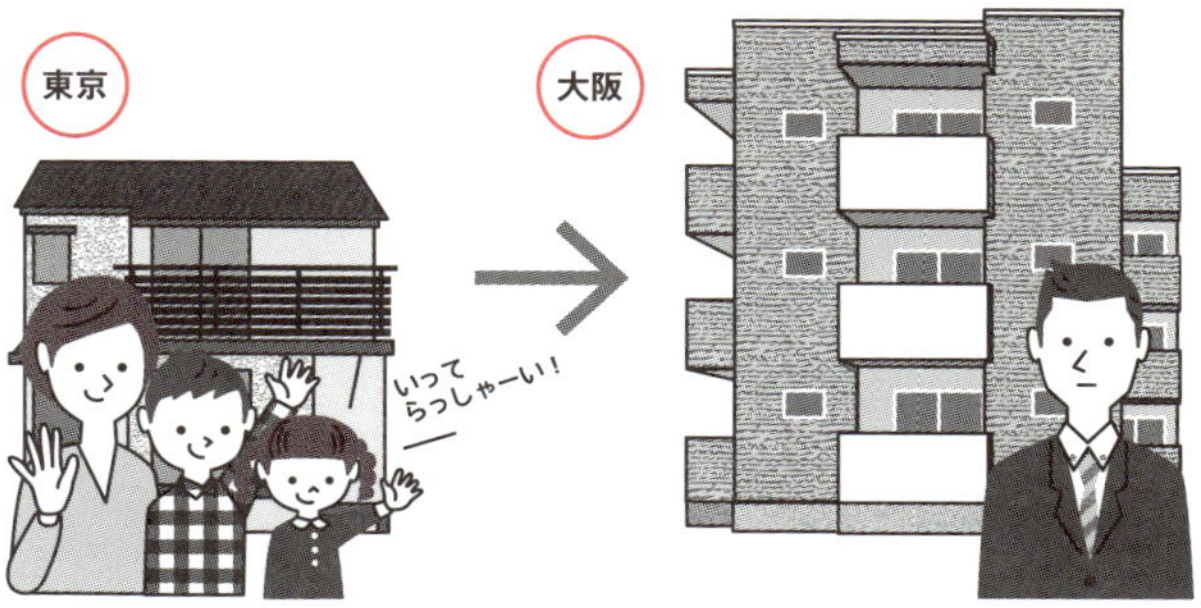

家族全員で引っ越した場合

特定居住用宅地等の特例適用外

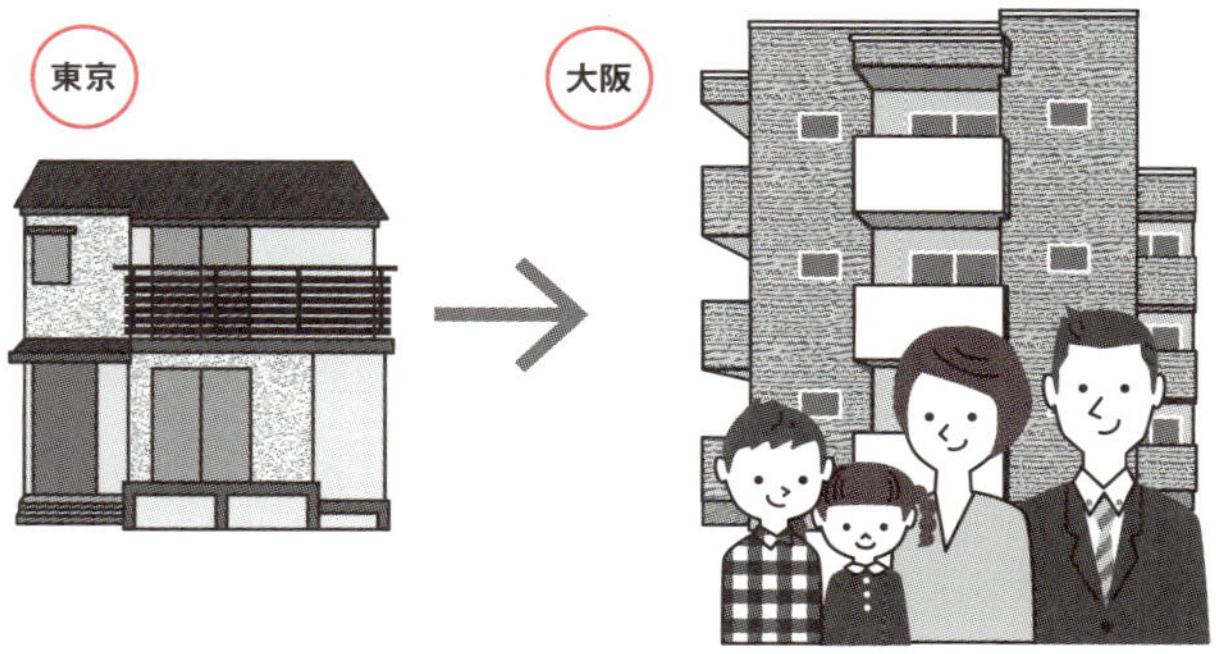

親の敷地に無理して建てた家が仇に!!

母は、所有する土地３００㎡にＡ家屋（敷地面積２００㎡）を建てて住んでいます。長女は、母の敷地に自己所有のＢ家屋（敷地面積１００㎡）を建てて住んでいます。

母と長女は生計が別で、母は高齢であることから長女が日常生活の面倒を見てきました。このたび母が亡くなり、Ａ家屋とＡ家屋の敷地２００㎡、そして、長女が家を建てているＢ家屋の敷地１００㎡を相続することになりました。

この敷地についてＡ敷地２００㎡、Ｂ敷地１００㎡とも特定居住用宅地等に該当しないことがわかりました。

Ａ敷地は母が寝起きしていたＡ家屋で、長女が母と起居をともにしていなかったことがその理由になります。

Ｂ敷地については、生計別の長女が住んでいた土地ということで、特定居住用宅地等に該当しません。もし母と長女が「生計を一」にしていたらＢ敷地１００㎡は特定居住用宅地等に該当し、適用を受けることができます。その条件として、相続または遺贈によって取得していること、そして相続開始時から申告期限までその宅地などを有し、その家屋に居住していることが要件となります。

母所有の土地に生計別の長女がB家屋の所有者の場合

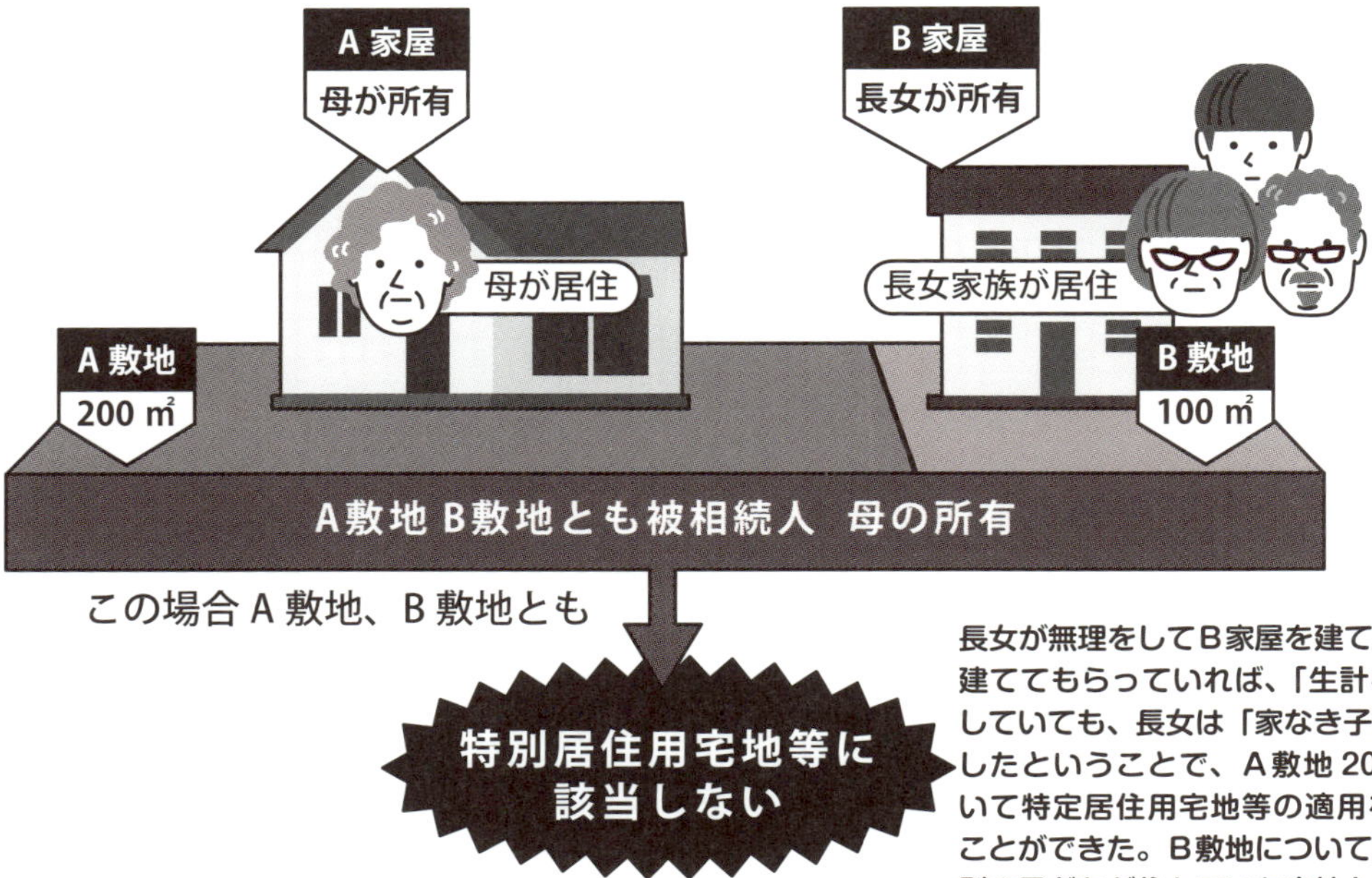

長女が無理をしてB家屋を建てず、母に建ててもらっていれば、「生計を別」にしていても、長女は「家なき子」が取得したということで、A敷地 200㎡について特定居住用宅地等の適用を受けることができた。B敷地については、生計別の子どもが住んでいた宅地ということで特定居住用宅地等の適用はない。

メモ

生計一とは？

「生計を一にする」とは、必ずしも同一の家屋に起居していることを指すものではなく、次のような場合も含めることとしています。

①夫婦または親子が、勤務、修学、療養等の都合上、日常の生活を共にしていない場合であっても、次に掲げる場合に該当するときは、これらの夫婦または親子は生計を一にするものとして取り扱われています。

イ．夫婦または親子が、日常の起居を共にしていない場合でも勤務、修学等の余暇には帰郷して夫婦または親子が起居を共にすることを常としている場合。

ロ．夫婦または親子間において、常に生活費、学資金、療養費等の送金が行われている場合。

②親族が同一の家屋に起居している場合には、明らかに互いに独立した生活を営んでいると認められる場合を除いて、これらの親族は生計を一にしているものと考えます。

こんな場合も「生計一」とみなす

老人ホームに入居した場合の小規模宅地等の特例はどうなる？

父は介護保険法に規定する要介護認定を受け、住んでいた住居を離れて特別養護老人ホームに入所していましたが、一度も退所することなく亡くなりました。父は自宅での生活を望んでいたため、いつでも自宅での生活が送れるよう建物の維持管理はしていました。父が老人ホームに入所している間、家屋は空き家となっていたため、その宅地が小規模宅地等の特例適用が受けられるか心配だったのですが、家屋が空き家となっていたこと、老人ホーム入居前までその家屋に父が住んでいたことで、その宅地は適用を受けることができることがわかりました。

この特例を受けるための要件は次の通りです。

①要介護認定等を受けていた父が、養護老人ホームなどへ入所したこと。

②父以外の者の居住用に供した事実がないこと（貸家にしていないこと）。

父が要介護認定等を受けていたかどうかの判定時期ですが、相続開始時において要介護認定等を受けていれば、小規模宅地等の特例を受けることができます。今回の相続人は、相続開始前3年以内に自己または自己の配偶者が所有する持ち家に住んだことがなく、申告期限まで保有していれば特例を受けられます。

老人ホームに入居しても自宅が特例の対象に!!

老人ホームに入居

①老人ホームの種類は問わない
②相続開始時までに要介護認定または要支援認定を受けていること
③自宅を他人に貸していないこと

老人ホーム入居前まで生活の拠点にしていた家は特例の対象になる

5 生命保険の賢い使い方

生命保険は相続（争続）対策、生前贈与を使った節税対策、納税資金対策で相続財産のトラブル防止に活用できるなど頼りになるものです。

こと相続税という観点から考えると「オレは生命保険が嫌いだ!!」の一言では片づけられないものと考えます。生命保険と聞くとアレルギー反応を起こす人がいますが、目的を持って保険を考えると、その効果を理解していただけると思います。

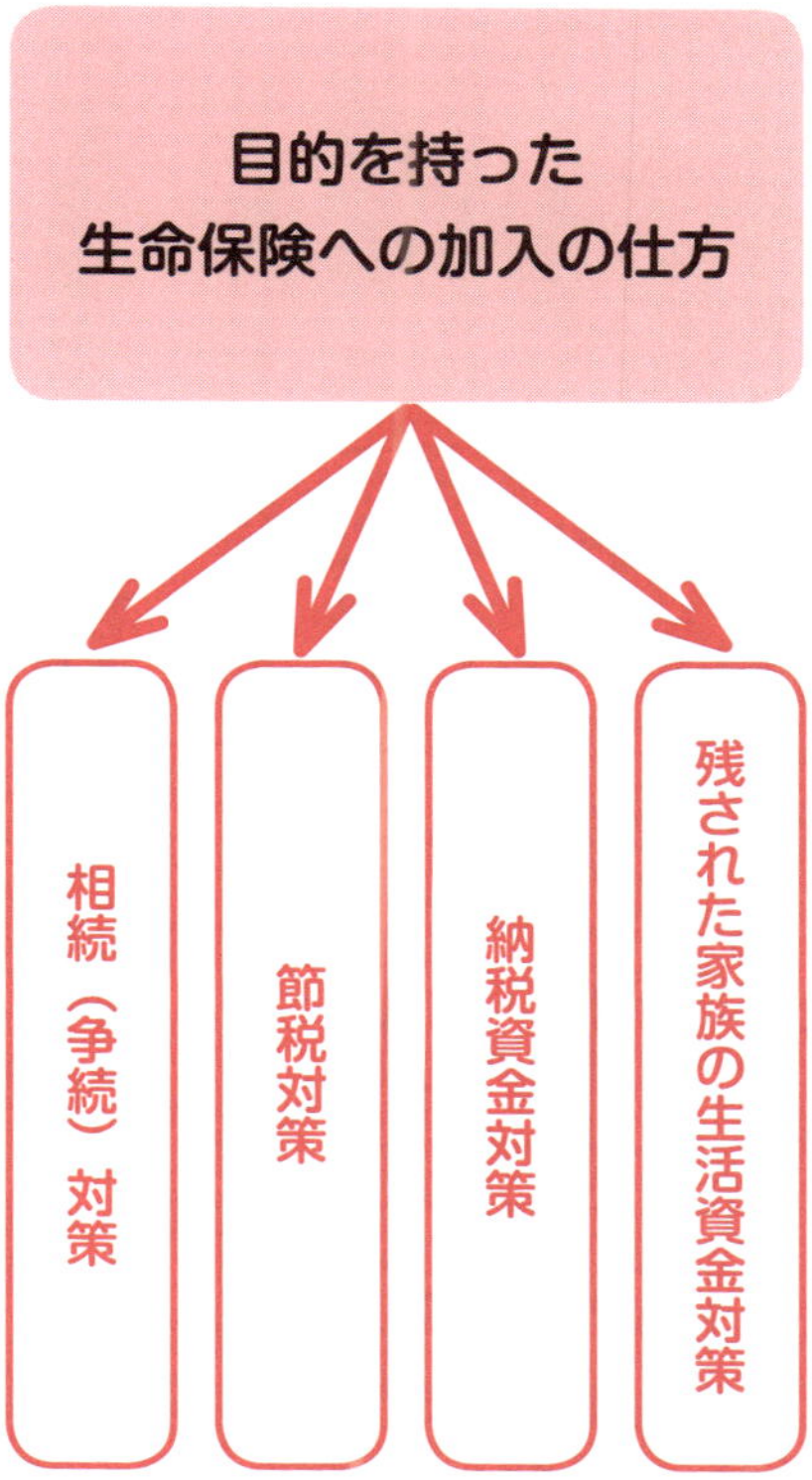

●生命保険金に相続税が

被相続人の死亡時に受け取る生命保険金は民法上の相続財産ではありませんが、相続税では相続財産とみなして相続税が課されることになっています。保険金に相続税がかかるのは、たとえば被相続人である夫が保険契約者で保険料負担者であり被保険者である場合に、妻または子が生命保険金の受取人となっているときです。このように保険料負担者である被保険者が死亡した場合、受け取った生命保険金は「みなし相続財産」として、相続財産に含められ相続税が課されます。

保険契約形態	保険契約者	被保険者	保険金受取人	税金の種類
保険契約者と被保険者が同じ	夫	夫	妻	相続税
	夫	夫	子	

生命保険は節税対策になる!!

被相続人の死亡時に受け取る生命保険金は、残された遺族の生活保障に充てられるため一定の額までは非課税とされています。生命保険金の非課税額は、法定相続人1人に対し500万円となっています。

法定相続人が3人いると「500万円×3名＝1500万円」が、相続税の課税対象となる財産に含まれません。つまり、1500万円に対して相続税がかからないということです。この非課税枠は、相続人のうち1人が保険金5000万円を取得しても、1500万円の非課税額が使えます。

生命保険金の非課税金額の計算例

①	受け取った保険金	5,000 万円
②	相続人３名分の非課税額	1,500 万円 (500 万円×３名＝ 1,500 万円)
③	①－②＝	3,500 万円(相続財産に含まれる金額)

生命保険金非課税額の活用

母はすでに他界しており、余命わずかである父の遺産の法定相続人は長男と長女、そして次女の3人です。父の遺産は自宅が8000万円と定期預金などの預貯金が7000万円で合計1億5000万円です。

現在、父が加入している生命保険は500万円の終身保険だけです。もう少し保険に入りたいと思っていましたが、高齢なので今から保険に入ると保険料が高く、保険には加入できないと思っていました。

ところが、保険料を一括で支払う「一時払い終身保険」という保険があると聞き、保険金1000万円を受け取れる保険に加入することにしました。新たに1000万円の保険に加入することで現在まで加入している保険と併せて非課税枠1500万円が使え、預貯金1000万円の相続財産を減らすことができます。

父の相続財産は、今回生命保険料1000万円を支払いましたので、自宅8000万円、定期預金6000万円（7000万円－保険料1000万円）で1億4000万円となり、財産を減らすことができました。

父が亡くなり保険金を受け取っても1500万円までは非課税枠の範囲内なので、相続税の課税対象となる相続財産には含まれません。

このように、相続財産として全体は変わりませんが、相続税が課される財産を減らすことができるのが生命保険金の活用方法です。

●生命保険を使った節税対策①

もう少しわかりやすく言うと、たとえば現金5000万円が定期預金としてあったとします。このまま相続を迎えると、5000万円にまるまる相続税がかかることになりますが、法定相続人3名で1500万円の非課税枠を使うとして、1500万円の「一時払い終身保険」に加入すると現金は3500万円となり、その分相続税が少なくなります。

相続税率が30％の場合、1500万円×30％＝450万円が節税できることになります。

生命保険を使った節税対策①

●節税対策前

現金・預金

5,000万円×相続税率30％＝1,500万円

●生命保険を使った節税対策後

現金・預金

3,500万円×相続税率30％＝1,050万円

450万円の節税に！

取得した生命保険金		保険金の非課税金額		課税対象額
1,500万円	－	1,500万円（500万円×3名）	＝	0円

※この相続税の非課税額が使える生命保険に加入するには、以下の契約形態でなければいけません。

- ▶ 被相続人が契約者（保険料負担者）で被保険者
- ▶ 保険金受取人が配偶者や子ども
- ▶ 生命保険は一時払い終身保険

生命保険を使った節税対策②

生前贈与は相続税負担の軽減につながりますが、子どもや孫への贈与は浪費につながり、遊び癖が心配になります。また、金銭感覚を狂わせてしまう可能性も否定できません。そこで贈与したお金を生命保険という形に変えて活用すると効果的です。

贈与を受けた子どもが、保険契約者で保険料負担者となり、親を被保険者、保険金受取人を子どもにして生命保険に加入するというものです。現金を生命保険に変えるだけですから、親の死亡時まで無駄遣いされることなく、確実に贈与したお金の保全を図ることができます。

この形態の生命保険は、贈与を受けた子ども自身が保険料を負担しているため、親の相続税の対象とはならず、子どもの一時所得として所得税が課税されます。

一時所得の計算は、受け取った保険金から支払った保険料を差し引き、さらに50万円を控除した金額を、2分の1にして計算します（※次ページの図を参照）。

一時所得は総合課税という箱に入れて給与所得などと合算して所得税を計算することになりますが、一時所得については利益の2分の1部分に課税されるため、仮に所得税が最高税率だったとしても実質の税率は25％程度で済みます。

この生命保険契約では、被保険者である親が死亡したときにはじめて、子どもが保険金を受け取ることになります。子どもはこの保険金を使って、相続税の支払いに充てればよいのです。つまり、生命保険への加入は、節税対策というだけでなく、相続税の納税資金対策にもなるのです。

一時所得を利用した生命保険の活用

保険契約形態	保険契約者	被保険者	保険金受取人	支払う税金の種類	課税形態
契約者と受取人が同じ	子	親	子	所得税及び住民税	一時所得として課税

父を被保険者として生命保険に加入する

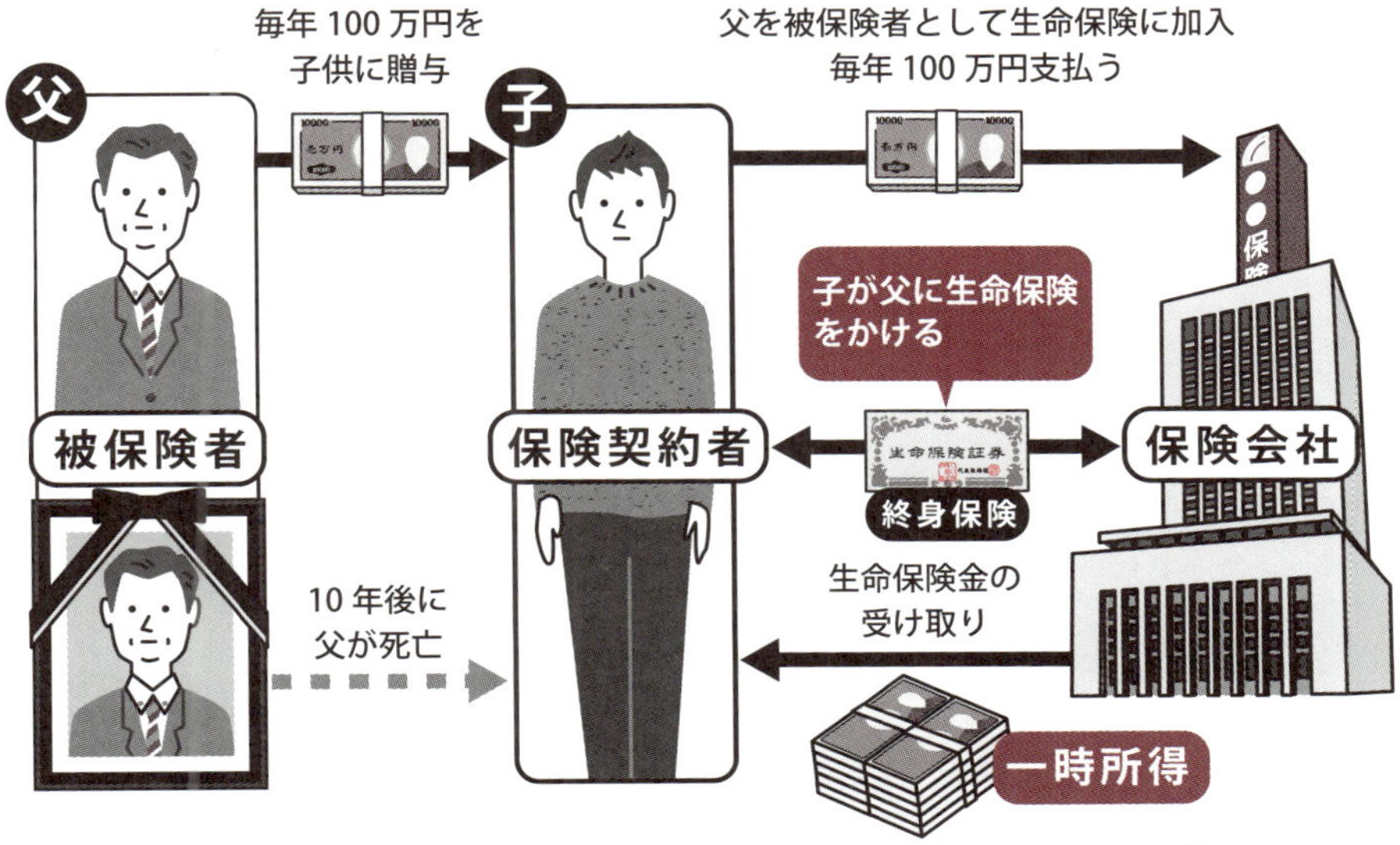

一時所得＝（生命保険金－支払保険料－50万円）×1/2

計算例（1,100万円－1,000万円－50万円）×1/2＝25万円

25万円×所得税率＝所得税の納付税額

生命保険金を使った納税資金対策

相続税は、相続開始の日の翌日から10カ月以内に相続税の申告をすると同時に現金で一括納付するのが原則です。相続が〝争続〟になり遺産分割協議の話し合いがつかず長引いてしまうと銀行口座や証券会社の口座は凍結されたままで、納税資金の準備ができません。相続人全員の合意で作成した遺産分割協議書がなければ預貯金を引き出せないからです。

その点、生命保険金は預貯金と違って遺産分割協議書は必要なく、保険請求手続きから1週間程度で支払われるため、葬式費用や差し迫った生活費、相続税の納税資金にも使えます。

生命保険金は、受取人固有の財産で、遺産分割協議の対象にはならないため、受取人が自由に使うことができます。子どもは納税資金として、配偶者は生活資金として活用できます。

生命保険金は「みなし相続財産」として相続税の課税対象になりますから、非課税枠を超える部分は相続税が課税されます。その点は忘れないでください。

代償分割を知ろう

代償分割とは、遺産の分割に当たって特定の相続人が土地・建物など現物を取得し、その現物を取得した人がほかの相続人に対してお金などを負担することをいいます。

この代償分割は、土地・建物のように簡単に切ったり割ったりすることが困難な場合に行われる方法です。

【事例1】現金を使った代償分割

ここに相続人の長男、長女がいます。相続財産は土地・建物8000万円、現金3000万円です。

長男は土地・建物8000万円、長女は現金3000万円を相続することとなりました。

長男、長女が相続した財産を計算すると、土地・建物8000万円、現金3000万円の合計1億1000万円となり、法定相続分である2分の1を相続すると、それぞれ5500万円ずつとなるはずです。しかし長女が相続したのは現金3000万円なので、長女からすると2500万円もの差（5500万円－3000万円＝2500万円）があり不公平です。

そこで、長男は自分の預貯金から2500万円を長女に渡せば、それぞれが5500万円の財産を相続したことになります。

分けられない財産を相続した長男が、長女にお金などを渡す、これが代償分割という方法です。

もし長男が長女に対する代償財産がない場合に、長男が生命保険金2500万円を受け取ることができれば、これを代償財産として長女に渡すことができます。このように、生命保険金は代償分割としても利用できるものです。

【事例2】現物での代償分割

では、代償財産として渡すものがお金ではなく、所有している土地の場合はどうでしょう?

この場合、実際に渡すものは土地そのものですが、長男は持っていた土地を売却して得たお金を長女に渡したと考えることになります。このような場合、長男はこの土地を譲渡（売却）したものとみなして、譲渡所得税と住民税が課せられることがあります。つまり、長男が代償資産として渡したこの土地を、時価相当額で売却したとみなした価額から購入したときの土地の価格を差し引き、利益が出た場合に譲渡所得税と住民税が課されることになっています。

もし、長男がその土地を購入した時の価格の方が高ければ損失が出るので、譲渡所得税と住民税は課されません。

なお、その土地を代償財産として取得した長女は不動産取得税と登録免許税がかかるので、どちらにとっても不利益が生じることとなるので気をつけてください。

分けられない財産の代わりに現金を渡す=代償分割

長男が相続で取得

土地と建物
8,000万円

代償分割

長女が相続で取得

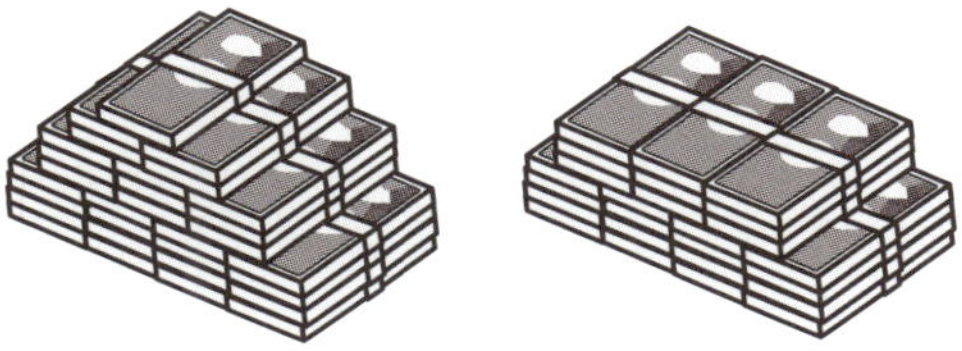

現金 3,000万円

現金 2,500万円
(代償分割で得たお金)

譲渡所得とみなされる代償財産

●長男が代償財産として渡す場合の土地の時価

土地購入時
1,500 万円

→ 代償財産として長女に →

長女が代償財産として取得したときの時価
2,000 万円

●長男が代償財産として土地を渡した場合の譲渡所得の計算

時価 2,000 万円 − **購入代価** 1,500 万円 = **譲渡益** 500 万円 → **譲渡所得税 ＋ 住民税課税**

【事例3】生命保険金を使った代償分割

代償分割という方法を知っていた母親が土地・建物5000万円、現金3000万円、生命保険金2000万円の財産を残して亡くなりました。

相続人は、長男と長女の2人です。

長女には、自分の面倒を見てくれたということで土地・建物5000万円を相続させ、長男には現金3000万円、生命保険金2000万円を相続させました。

通常でしたらこれで円満に相続が終わるところですが、この長男は、少しばかり欲張りでした。

遺産分割協議の場で、長男は長女に言いました。

「この遺産分割では印鑑は押せないよ。だって僕の相続財産は現金3000万円だけでしょう!! おまえは土地・建物5000万円も相続して、僕より1000万円も余計に相続してるじゃないか。こんな財産の分け方おかしい」

「何言ってるの。お兄ちゃんは現金3000万円、生命保険金2000万円で5000万円相続したじゃない」

そこで長男は言いました。

「僕が相続したのは現金3000万円だけだよ!! 生命保険金2000万円は遺産分割の対象となる財産じゃないんだよ」

そうなのです。

生命保険金は民法でいう相続財産ではありません。

相続税の計算では、「みなし相続財産」として課税対象となる財産に含まれますが、遺産分割の対象財産ではないのです。

長女は困ってしまいました。

母が遺した相続財産を計算すると、土地・建物5000万円、現金3000万円の計8000万円ですから、2分の1で分けるとそれぞれ4000万円ずつとなります。

長男は現金3000万円相続していますから、あと1000万円不足です。長女に手持ちのお金1000万円がなければ、銀行から借金するか、母から相続した土地・建物5000万円を売却してお金を用意するしかありません。

この場合、母はどのように相続させればよかったのかというと、長女に土地・建物5000万円と生命保険金2000万円、長男に現金3000万円を相続させれば、問題は起きなかったことになります。

そして長女は、固有の財産として手にした生命保険金から1000万円を長男に渡せばいいのです。

　長男が相続した財産は、現金3000万円と代償金としてもらった現金1000万円の合計4000万円になります。遺産分割協議の財産分割は平等にできたことになります。

　このように生命保険金は、相続を〝争続〟とさせないための争続対策資金として使うことができます。

　相続させる財産が土地・建物一軒で、ほかにめぼしい財産がなく、相続人が複数人いるというような場合は、生命保険金の活用を検討されてはいかがでしょうか。

代償分割の考え方

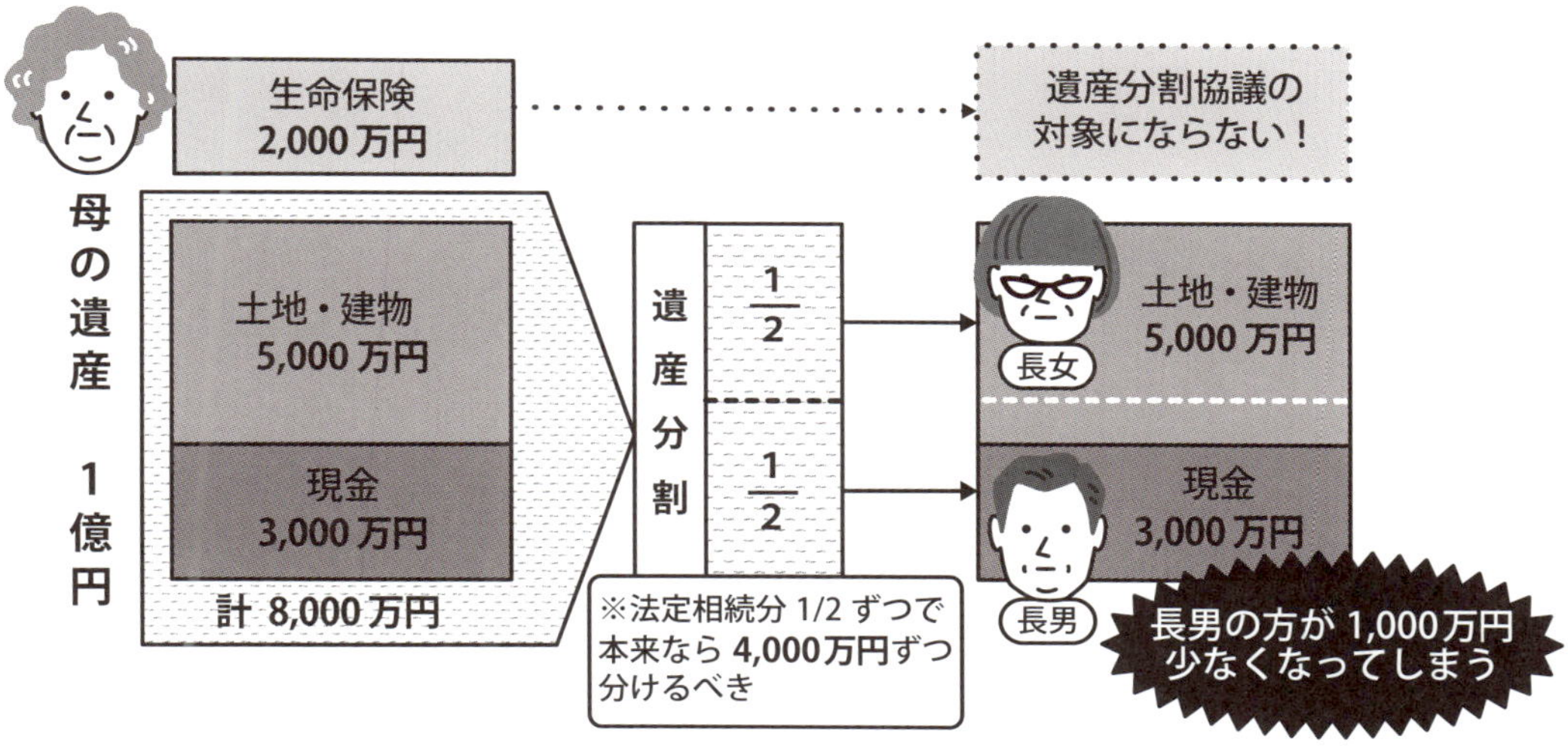

母が取るべきだった遺言方法は？

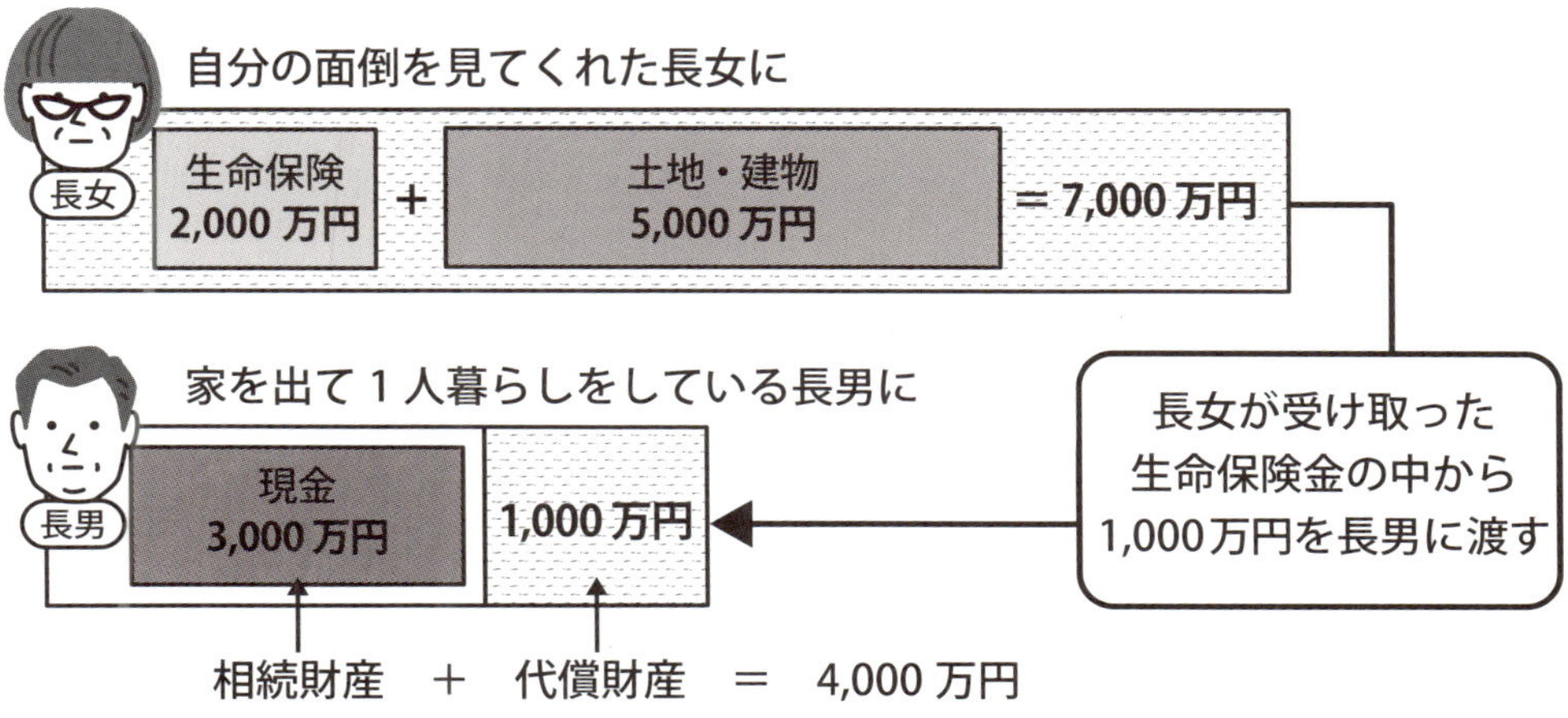

【事例4】夢だった二世帯住宅が争続に!!

今年65歳になる父は定年退職して、東京近郊に母と二人暮らし。子どもは長女と次女の2人で、いずれも結婚しています。父は自宅の敷地約１６５㎡を有していて、定年退職を機に、築35年近く経った自宅を長女夫婦との二世帯住宅を建てる計画が持ち上がってきました。

父は二世帯住宅にすると相続税が安くなるということを聞き、決心したのです。一階には父母が住み、二階に長女夫婦が住む計画です。

建築資金約４０００万円は折半で負担することとし、父は退職金の一部を充《あ》て、長女夫婦は１０００万円ほどの頭金に住宅ローンを組む予定です。

嬉し楽しでできた二世帯住宅。年を重ね母が亡くなり、父も今年亡くなりました。そこで持ち上がったのが相続問題。父の相続時の財産は、父と長女が共有している建物とその敷地、ほかに財産といえばわずかな預貯金です。

遺言書はなく、土地・建物を長女が相続するとなると、妹は何を相続するのかという話になります。

土地を長女と次女で共有にすると、家の建て替えや、次女から売却の話が出てきたり、姉妹が亡くなるとその姉妹の子どもや孫が出てきて、新たな共有者となり権利関係が複雑になります。そのことからも、土地や建物を共有で持つことは大変難しい問題をはらんでいます。避けることが肝要でしょう。

さらに、共有で持つと次女から長女に対して、共有物分割の請求を起こされる可能性もあります。民法では、共有者はいつでも共有物の分割をほかの共有者に対して請求することができることになっています。

長女は、共有物分割請求により、土地を分割するか、もしくは土地の共有持分に見合う金銭の支払いをする必要に迫られる可能性があります。長女にとってはそのどちらも難しく、最悪の場合は訴訟になり、二世帯住宅の土地・建物を売って金銭で清算することになりかねません。

父が老後の楽しみに建てた二世帯住宅、姉妹が仲良く暮らしていけるようにするのも親の責任です。二世帯住宅建築の前に、相続に関する十分な知識と検討が必要です。このような状況の家庭の場合、被相続人である父と同居している長女に土地・建物を、次女には預貯金と長女から代償分割として父の死亡時に受け取った生命保険金を支払うという案が最良の手段でしょう。

6 相続税の税率

税率は金額によって変動する

相続財産から非課税財産や葬式費用などを控除した課税価格の合計額から基礎控除額を控除し、この控除後の金額に法定相続分に応じた取得金額を計算し、これに相続税の速算表を当てはめて相続税額を算出します。

相続税の速算表

法定相続分に応ずる各人の取得金額	税率	控除額
1,000万円以下	10%	—
1,000万円超 3,000万円以下	15%	50万円
3,000万円超 5,000万円以下	20%	200万円
5,000万円超 1億円以下	30%	700万円
1億円超 2億円以下	40%	1,700万円
2億円超 3億円以下	45%	2,700万円
3億円超 6億円以下	50%	4,200万円
6億円超	55%	7,200万円

速算表の使い方

・基礎控除額控除後の課税遺産が総額2億円とした場合

相続人A　法定相続分に応ずる取得金額　1億円
相続人B　法定相続分に応ずる取得金額　5,000万円
相続人C　法定相続分に応ずる取得金額　5,000万円

Aの算出税額　1億円×30%－700万円＝　2,300万円
Bの算出税額　5,000万円×20%－200万円＝　800万円
Cの算出税額　5,000万円×20%－200万円＝　800万円

相続税の総額　**3,900**万円

7 贈与税とはどんな税金？

お互いの合意のもとで成立

贈与とは、「この財産をあげます」「はい、もらいます」というお互いの合意契約があって初めて成立します。この贈与された財産にかかるのが贈与税です。

暦年課税

贈与税は、個人から財産をもらったときにかかる税金で、課税方法には、「暦年課税」と「相続時精算課税」の二つがあります。

暦年課税とは、贈与を受けた年ごとに贈与税を計算する方式です。

暦年課税は、1月1日から12月31日までの1年間にもらった財産の合計額が基礎控除額の110万円以下であれば、贈与税はかかりません。もし、1年間に贈与された金額が110万円を超える場合は、超えた金額に対して贈与税が課されます。つまり、1年間に贈与を受けた財産の合計額が110万円の基礎控除額以下であれば申告しなくてよいということです。

贈与は双方の意思の合致が必要

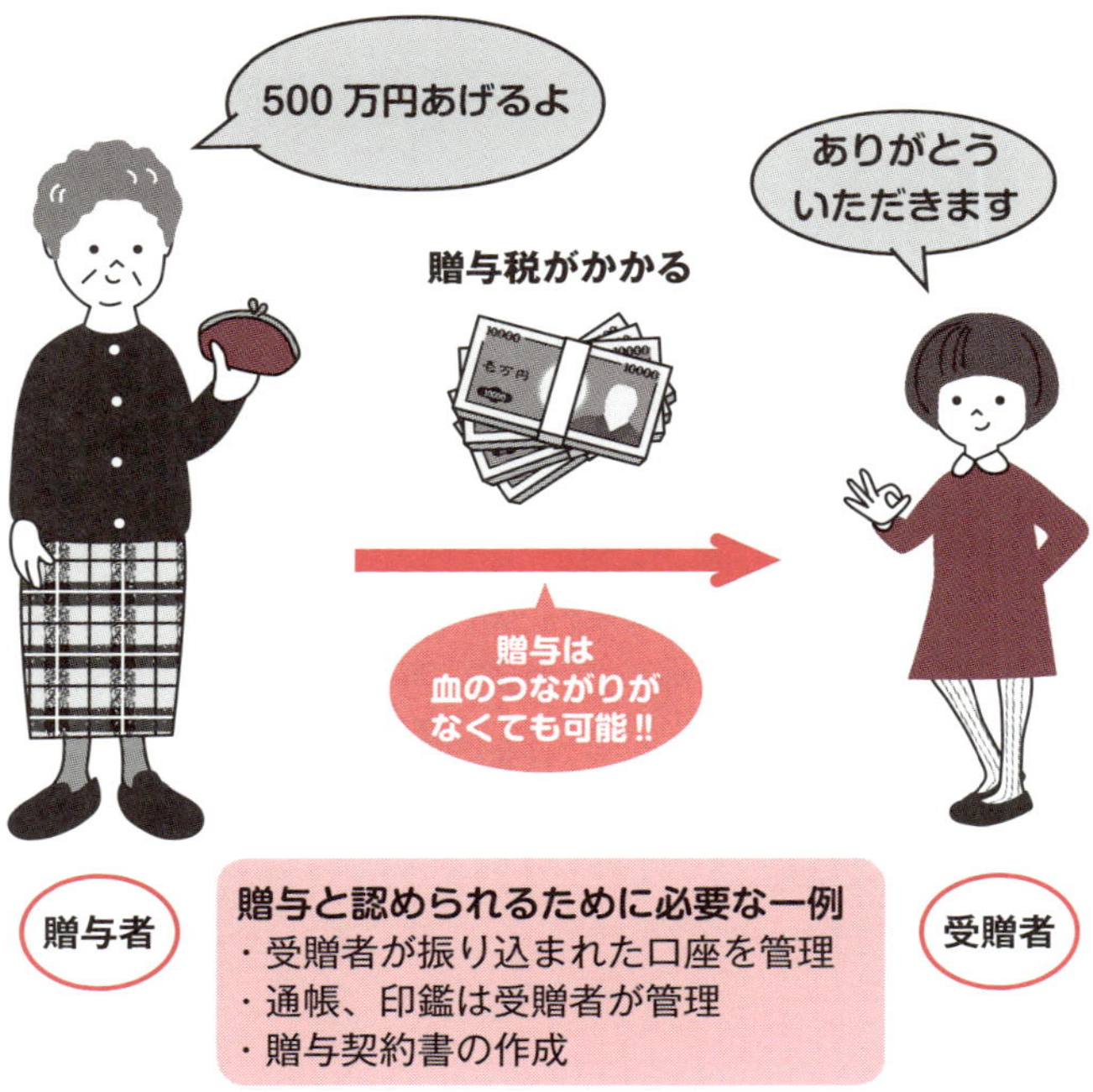
500万円あげるよ
ありがとう いただきます
贈与税がかかる
贈与は 血のつながりが なくても可能!!
贈与者
受贈者
贈与と認められるために必要な一例
・受贈者が振り込まれた口座を管理
・通帳、印鑑は受贈者が管理
・贈与契約書の作成

贈与による暦年課税の計算

●父から310万円、母から200万円の贈与を受けた場合

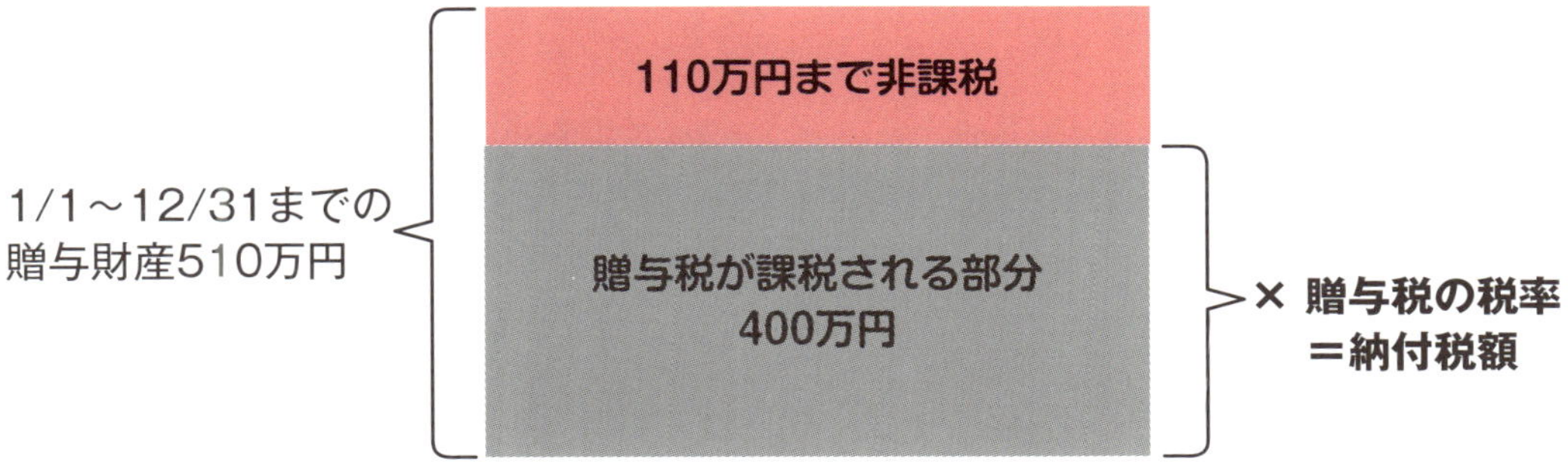

この場合の贈与税の計算は次のようになります。（※贈与税の税率と控除額については102ページ参照）

510万円　－　110万円　＝　400万円

400万円　×　税率15％　－　控除額10万円　＝　50万円

50万円が納付税額となる

贈与契約書の書き方

贈与契約書

贈与者　鈴木一郎（甲）と受贈者　鈴木三郎（乙）は下記の通り、
贈与契約書を締結した。

第１条　甲は現金100万円を乙に贈与するものとし、乙はこれを
受諾した。

第２条　甲は現金100万円を平成○○年10月15日までに
乙の下記口座に振り込むものとする。

○○銀行　四谷支店　普通預金　口座番号1234567

口座名義人　鈴木三郎

平成○○年9月30日

贈与者（甲）東京都新宿区○○町1丁目1番1号
鈴木一郎　㊞

受贈者（乙）東京都新宿区○○町1丁目1番1号
鈴木三郎　㊞

相続税が節税できる暦年贈与

毎年少額ずつ基礎控除額110万円の範囲内で繰り返し暦年贈与することで、贈与税を払うことなく財産を子どもや孫へ移すことができます。この毎年繰り返し暦年贈与することを、連年贈与といいます。

この連年贈与は、毎年少しずつ相続財産を減らすことになり、相続税の節税につながりますが、注意する点があります。毎年、子どもに10年間にわたって100万円ずつ、合計1000万円を贈与すると契約した場合、1年ごとに贈与を受けたと考えるのではなく、約束をした年に、定期金に関する権利（10年間にわたり毎年100万円ずつの給付を受ける権利）の贈与を受けたものとして贈与税の申告が必要となります。

したがって、連年贈与とみなされないためには、贈与するごとに贈与契約書を作成すること、印鑑や通帳は受贈者（贈与で財産をもらう人）が保管し、もらったお金は自由に使えるようにしておくことが大事なポイントとなります。また、現金は銀行振込をして証拠を残し、株式を贈与する場合は、名義書き換えを必ずしておく必要があります。

さらに、贈与をする日は、毎年同じ月、同じ日は避けて贈与をすることも忘れないでください。

贈与とは認められない名義預金

父は相続税を節税するつもりで、子ども名義の通帳を作り毎年100万円ずつコツコツとその通帳に振り込んでいました。しかし、贈与契約書は作成していません。贈与したつもりの印鑑や通帳は父が保管していました。子どもは毎年100万円の贈与を受けていたとは露ほども知らないので、出し入れした形跡はまったくなく、何かのために使ったということもありません。そんなことが10年続いたときに父が亡くなりました。

そして、税務調査……。

父の通帳を見た調査官は、「毎年100万円がお子さんに振り込まれています。これは贈与ですか？　贈与でしたら贈与契約書を見せてください」と言うのです。

しかし、そんな契約書などありません。父が勝手に子ども名義の通帳を作っていたことなど家族の誰も知りませんでした。このように、父のお金なのに通帳の名義が相続人である配偶者や子どもなど家族名義になっている預貯金のことを名義預金といいます。

この名義預金は、父の財産として相続財産に含めて相続税の申告をすることになります。家族の名義を借りた預貯金は、税務調査で申告漏れとして指摘されると、相続税の追徴課税が行われるとともに、延滞税なども課されることになり、余計なお金を使うことになるため注意が必要です。

贈与をする場合は、贈与契約書を作成し、贈与を受けた人が印鑑や通帳を保管し、自由に出し入れできる状態にしておくことが大切です。

名義預金にご注意!!

親が子の口座に毎年 100 万円ずつ入金

↓

贈与契約書の作成なし

↓

通帳・印鑑を親が保管

↓

子は贈与を知らず、通帳の存在も知らない

↓

名義預金とみなされ相続税が発生

贈与したつもりなのに名義預金とみなされるケース

子どもたちの
通帳・印鑑を管理

贈与ではなく
名義預金になる
場合もあるので
注意!!

子どもにあげたつもりで銀行に
預金していても、もらう側にもらったと
いう意思がないと贈与にはならない。

相続開始前3年以内の贈与は相続財産に取り込まれる!!

生前に子どもや孫に財産（たとえばお金）を贈与することで、相続税の節税を図ることができます。ところが節税のつもりで贈与したお金に相続税がかかる場合があります。それは相続開始からさかのぼって3年以内に贈与でもらったお金が対象とされ、その贈与されたお金は相続財産に含められて相続税を計算することになります。

相続人が贈与でもらったもので、相続開始前3年以内のものであれば基礎控除額110万円以下のものでも、110万円を超えるものでも、すべて相続財産に含まれて相続税の課税対象となります。

また、相続が開始した年に被相続人から贈与された財産についても、贈与税の課税対象とはしないで、相続税の課税対象として計算されます。これは相続開始直前に行う贈与は、相続が近いことを考えて相続税の負担を少しでも軽くしようとして贈与が行われることから、相続税逃れを防止するために考えられたものです。

どうしても相続税の負担を軽くしたいのであれば、相続人ではない孫やひ孫に贈与すれば、この「3年以内」の規定の適用を受けることはありません。20歳以上の孫やひ孫であれば、直系尊属から受ける贈与については有利な税率が設けられているので（※次ページ参照）節税効果は大きく、これを利用するのも一つの手だと思います。

相続開始前3年以内の贈与

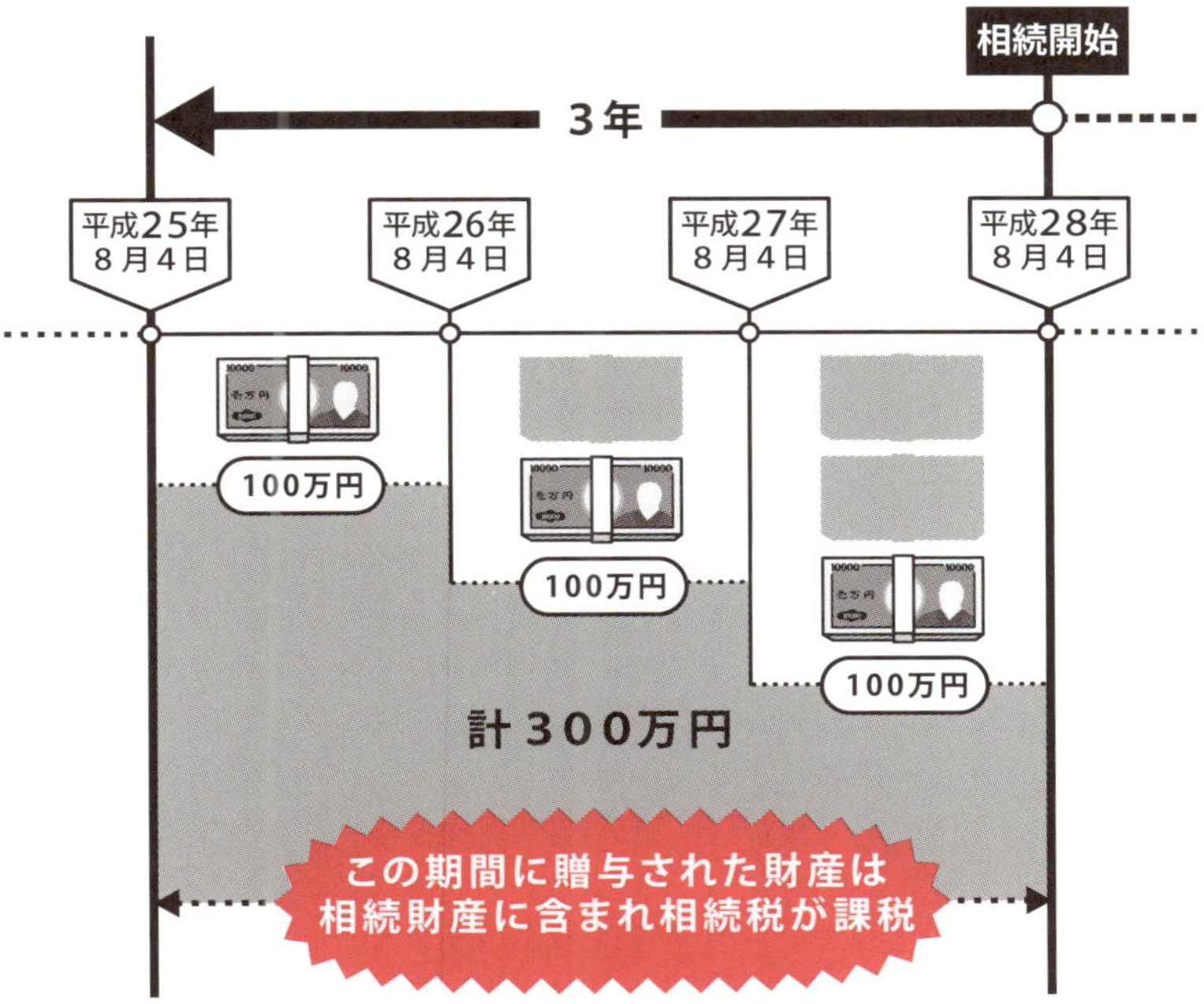

特例贈与と一般贈与の税率表

	20歳以上の子や孫が直系尊属から受ける贈与税率（暦年贈与）		一般の贈与税率（暦年贈与）	
年110万円基礎控除後の課税価格	特例税率	控除額	一般税率	控除額
200万円以下	10%	―	10%	―
200万円超　300万円以下	15%	10万円	15%	10万円
300万円超　400万円以下			20%	25万円
400万円超　600万円以下	20%	30万円	30%	65万円
600万円超　1,000万円以下	30%	90万円	40%	125万円
1,000万円超　1,500万円以下	40%	190万円	45%	175万円
1,500万円超　3,000万円以下	45%	265万円	50%	250万円
3,000万円超　4,500万円以下	50%	415万円	55%	400万円
4,500万円超	55%	640万円		

贈与税の税率には二種類ある

父母、祖父母の直系尊属から20歳以上の子どもや孫などの直系卑属に対する贈与を「特例贈与」として、新たな税率表が適用され、子や孫への贈与が優遇されています。

それ以外の叔父、叔母から甥や姪などの親類に送る贈与である「一般贈与」と区別されています。

みなし贈与財産

贈与とは、ものをあげる側ともらう側がお互い納得して行われているという双務契約が前提となっています。これに反して、当事者が贈与だと認識していないものについても贈与に該当するとみなされる場合があります。これが「みなし贈与」といわれているものです。

本人が贈与したつもりがないのに、贈与扱いとされて課税されてしまったとか、財産をもらったつもりはないのに実質的には贈与を受けたことと同じとみなされて贈与税が課されてしまったなどのケースがあります。

次の表内のようなケースは、贈与とみなされて贈与税が課税されるので気をつけなければいけません。

みなし贈与財産の一覧表

<table>
<tr><th>みなし贈与財産</th><th>内　容</th></tr>
<tr><td>①生命保険金を満期や死亡保険金として取得した場合
<table>
<tr><th>契約の形態</th><th>保険契約者、保険料負担者</th><th>被保険者</th><th>保険金受取人</th></tr>
<tr><td>保険契約者、被保険者、保険金受取人の三者が異なる</td><td>母</td><td>父</td><td>子</td></tr>
</table>
・母→保険契約者で保険料を支払う
・父→被保険者（死亡したら死亡保険金が支払われる）
・子→保険金受取人</td><td>この形態の生命保険が満期になり満期保険金を子どもが受け取った場合、また、父が死亡したことで子どもが死亡保険金を受け取った場合は、この受け取った保険金を母から子どもに贈与されたものとみなして、子どもに贈与税がかかります。</td></tr>
<tr><td>②財産を低額で譲り受けた場合</td><td>親から土地などの財産を時価よりも低い価額で譲り受けた場合は、子どもが時価と売買価額との差額を親から贈与されたものとみなされて贈与税がかかります。
たとえば、2,000万円の土地を500万円で子に譲るとその差額1,500万円がみなし贈与として贈与税が課されることになります。</td></tr>
<tr><td>③借金などの債務の免除を受けた場合</td><td>子どもが親からの借金を返済しなくてよくなった場合、その返済を免除された借入金の額が贈与されたものとみなされます。
また、他人からの借金を親が肩代わりをして支払ってくれた場合は、肩代わりを受けた金額が贈与とみなされます。</td></tr>
<tr><td>④無利子の金銭貸借など</td><td>親子間で金銭の貸し借りがあった場合、無利息部分は贈与とみなされることがあります。</td></tr>
<tr><td>⑤離婚による財産分与</td><td>贈与税は課税されません。しかし夫婦で住んでいた夫名義の居住用不動産を妻に慰謝料としてあげた場合は、夫に譲渡所得税がかかります。
理由として、夫が所有する居住用不動産を売ったお金で妻に慰謝料として財産分与したという考え方からです。</td></tr>
<tr><td>⑥共稼ぎ夫婦の間における住宅資金などの贈与</td><td>夫と妻の夫婦は4,000万円でマイホームを購入しました。夫が3,000万円、妻が1,000万円の負担で購入しました。このマイホームは共有の財産としてそれぞれ50%の割合で所有権を登記しました。この場合、妻は1,000万円の負担で4,000万円の半分2,000万円分を所有していることになります。
この結果、妻は2,000万円から実際に負担した額1,000万円を引いた差額の1,000万円が、夫から贈与されたとみなして贈与税が課されることになります。</td></tr>
</table>

暦年贈与で節税効果

【事例】

現在父が所有している財産は、居住用宅地1億円（300㎡）、建物5000万円（固定資産税評価額）、預貯金・株式などの金融資産2億円で、計3億5000万円になります。

節税対策として、子ども2人に10年間それぞれ毎年110万円贈与した場合と、310万円を贈与した場合で相続税がどれだけ節税できるか比較してみました（※法定相続人は子ども2人だけとする）。下記の表をご覧ください。

計算事例によると、毎年110万円贈与した場合は、贈与をまったくしない場合よりも616万円相続税が少なくなり、毎年310万円贈与した場合は1302万円分、相続税の節税を図れることがわかります。

もちろん「生命保険を使った節税対策（※88ページ参照）」でお話ししたように、贈与したお金は終身保険の支払いに充て、浪費につながらないようにすることも大事なことです。

贈与した場合の相続税の節税効果

贈与をしない場合		子ども２人に毎年110万円の贈与を10年間 合計2,200万円の贈与		子ども2人に毎年310万円の贈与を10年間 合計6,200万円の贈与	
相続財産 3億5,000万円 →	相続税 5,720万円	贈与後の相続財産 3億2,800万円 →	贈与税 0円 相続税 5,104万円	贈与後の相続財産 2億8,800万円 →	贈与税 360万円 相続税 4,138万円 贈与税額控除 △80万円
			616万円の節税に！		1,302万円の節税に！

※相続開始前3年以内の贈与は相続財産に持ち戻して計算しています。

暦年課税と相続時精算課税

96ページにて贈与税の課税方法には、「暦年課税」と「相続時精算課税」の二つがあるとお話ししました。

暦年課税を選んだ場合、基礎控除額110万円以下の贈与を毎年コツコツと贈与をし続けることになります。暦年課税では、年間110万円を超える贈与は通常は行いません。なぜなら基礎控除額が年間110万円なので、それを超える贈与の場合には贈与税がかかり、その負担が大きくなるからです。

一方、相続時精算課税は、一度に多額の現金や株式などを贈与できることが、暦年課税と違う点として挙げられます。

相続時精算課税は、60歳以上の父母または祖父母から20歳以上の子どもや孫への贈与について、累計2500万円までは贈与税がかかりません。2500万円を超えた場合、超えた分に対して一律20%の贈与税が課されます。

この二つの課税方法の違いを、左の表でよく見比べてみてください。

暦年課税と相続時精算課税の違い

	暦年課税	相続時精算課税
贈与者	制限なし	60歳以上の父母、祖父母
受贈者	制限なし	20歳以上の子と孫
控除額	年間110万円（基礎控除）	累計2,500万円（特別控除）
税率	基礎控除後10～55%	特別控除後一律20%
納付時期	贈与のあった年ごと	2,500万円を超えた贈与時に納税し、相続時に精算
相続との関係	なし（ただし相続開始前３年以内の贈与は相続財産に加算）	贈与した財産を贈与時の価額で相続時に加算
課税方式の変更	変更できる	変更できない

暦年課税と相続時精算課税制度の選択

贈与で財産をもらった場合、暦年課税、相続時精算課税のどちらを選択するかは自由です。たとえば、父からの贈与については「相続時精算課税」を選択し、母からの贈与については「暦年課税」を選択するということもできます。

忘れてならない注意点として、相続時精算課税はその名の通り、一度は贈与した財産を相続時には相続財産に持ち戻して（加算して）相続税を計算する必要があるということです。

例えば相続時精算課税を使って贈与を受けた建物が相続開始の時点で火災で燃えてなくなっていた場合や、株式の贈与を受けていてその株式を売却してしまって手元にない場合でも、贈与時の価額を相続財産に持ち戻して、相続税を計算する必要があるのです。

また、一度でも相続時精算課税を選択してしまうと、暦年課税に変更したくても変更することはできません。暦年課税から相続時精算課税への変更は可能です。

暦年課税が有利か相続時精算課税が有利か、しっかりと見極めて選択する必要があります。

相続時精算課税制度の計算

相続時精算課税は、例えば贈与時に5000万円の財産を贈与した場合、相続時には贈与時の価額5000万円を持ち戻して、相続財産に含めて相続税を計算することになります。

もし、贈与時5000万円の価額のものが、相続時に8000万円になっていた場合は、差額3000万円について節税対策がうまくいったと言えます。

その反対で相続時に3000万円になっていた場合は、差額2000万円について節税対策に失敗したことになります。つまり、2000万円に対応する相続税を余計に払うことになるからです。

ちなみに、相続税率が30%だったとすると、節税対策がうまくいった差額3000万円の場合では900万円の節税効果があり、節税対策が失敗した差額2000万円の場合では600万円余計に相続税を支払うこととなります。

贈与時に支払っておいた贈与税は、相続時に計算された相続税から差し引きして、贈与税との差額を納付するか、または還付を受けることになります。

相続時精算課税の留意点

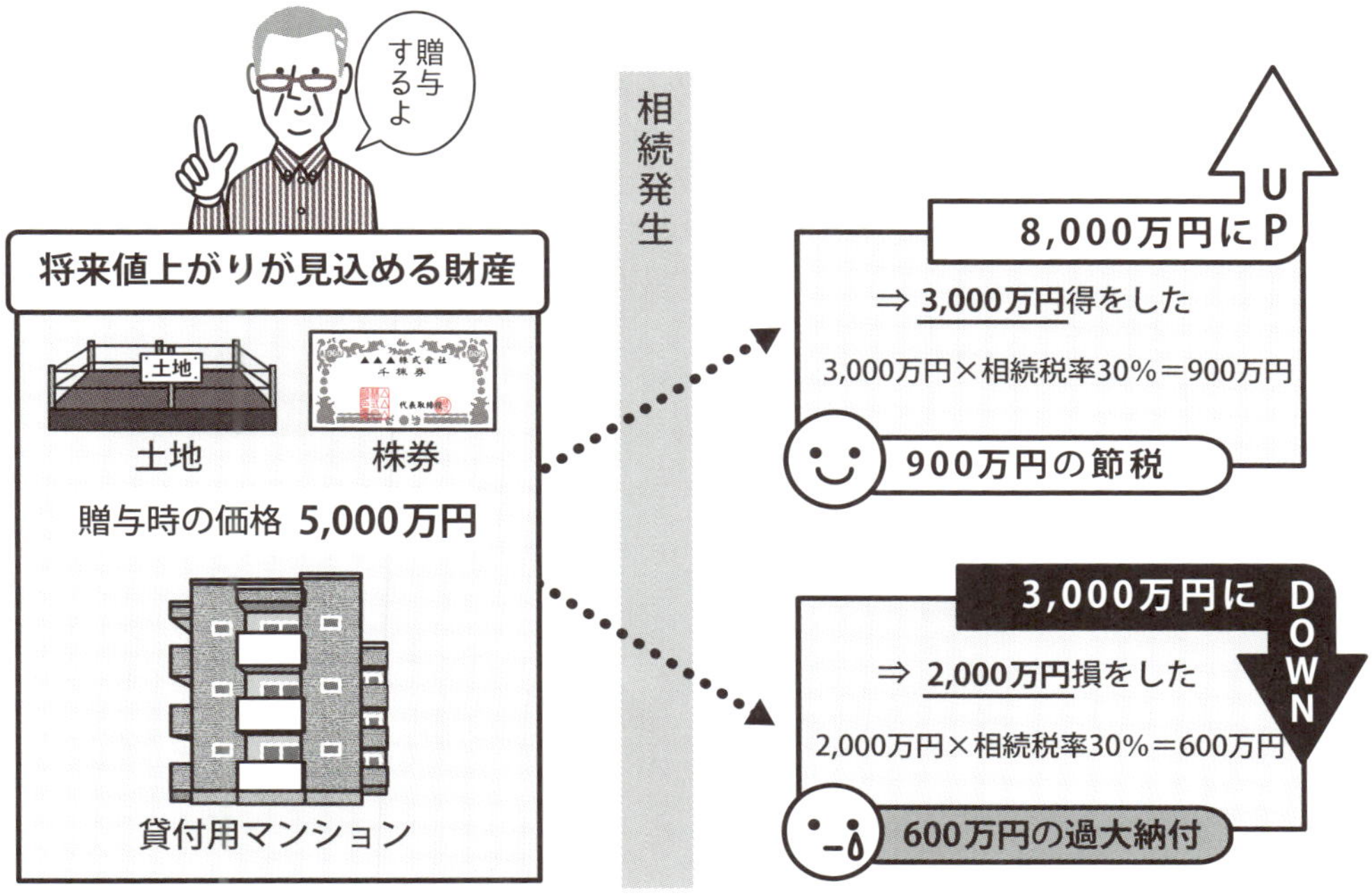

相続時精算課税を選択する場合は、将来価値が上昇する、または収益を生み出す財産を選択すると有利になります。たとえば年間120万円の家賃収入がある貸付け用マンションの贈与を受けた場合なら、10年で1200万円の収入があり、納税資金も貯まります。

もし贈与しないで親が持ち続けていたら、相続時にこのマンションも家賃収入も相続財産に加わることになるので、贈与したほうがお得になります。

一方、将来的に値下がりすることが予想される財産の贈与は、節税効果がない上に余計に相続税を支払うということになるので注意が必要です。

孫への相続時精算課税での贈与は注意

孫は、相続時精算課税で祖父から株式2000万円を贈与でもらいました。相続時精算課税は2500万円まで非課税のため、その際に贈与税はかかりませんでした。孫はもらった株式すべてを売却してしまい、今は手元に何もありません。

そんなとき、祖父が亡くなり相続が発生しました。相続が発生して財産を取得できるのは法定相続人になります。

孫への贈与に注意!!

孫は相続人ではないため祖父から財産を相続することはできませんが、相続時精算課税で株式を取得していますから、相続税の計算上では仲間入りします。

相続税の計算で、孫の相続税が算出されると納税しなければなりません。さらに孫の場合、納税額に2割が加算されます（※2割加算対象者については37ページ参照）。

孫は株式を売却しているので相続税を支払う資金はあるのでしょうか……。

このように、孫への相続時精算課税を使った贈与は注意が必要です。

相続時精算課税制度の手続き

相続時精算課税制度の適用を受ける場合は、最初の贈与を受けた年の翌年2月1日から3月15日までの間に、納税地の所轄税務署長に対し、「相続時精算課税選択届出書」を提出しなければいけません。

8 贈与税がかからない財産

贈与税は、基本的には贈与を受けたすべての財産に対してかかりますが、次に掲げる財産については贈与税がかかりません。

贈与税の非課税財産	内　容
法人から贈与により取得した財産	法人から財産を贈与により取得した場合には一時所得がかかる
親などの扶養義務者から生活費や教育費に充てるための財産	生活費は、子どもにとって日常生活に必要な費用をいい、教育費は必要な都度、教材費、文具費などに充てるためのもの
宗教、慈善、学術その他公益を目的とする事業に使われることが確実なもの	公益事業に使われるものには課税しない
精神や身体に障害のある人が心身障害者共済制度に基づいて支給される給付金を受ける権利	心身障害者共済制度は非課税とされているため
公職選挙法の適用を受ける選挙における公職の候補者が選挙運動に関し贈与により取得した金銭等で報告がなされたもの	国会議員など公職選挙法に基づいて報告がなされたものは非課税とされている
特定障害者扶養信託契約に基づく信託受益権	特定障害者が信託契約に基づいて取得した場合には、6,000万円または3,000万円まで非課税
個人から受ける香典、花輪代、年末年始の贈答、祝物または見舞いなど	社会通念上相当と認められるもの
父母・祖父母から贈与を受けた住宅取得等資金	子どもや孫への資産の早期移転を通じて、住宅需要を刺激するため一定の範囲
父母・祖父母から一括贈与を受けた教育資金	30歳未満の子どもや孫に対して教育資金に充てるため1人につき1,500万円まで非課税
父母・祖父母から一括贈与を受けた結婚・子育て資金	結婚・子育て資金で子ども、孫（20歳以上50歳未満）1人につき1,000万円まで非課税
特定公益信託から交付される学術奨励金等で一定のものまたは奨学金など	公益信託から奨学金などの交付されたもので一定のものは非課税
相続開始の年に被相続人から受けた贈与	相続税が課されるため、相続と同じ年に行われた贈与は非課税

9

贈与税の配偶者控除

●配偶者に対する優遇規定を使う

贈与税の配偶者控除は、婚姻期間が20年以上である配偶者から自宅の一部または全部の持分（5分の2などの割合）の贈与を受けたり、または居住用不動産を取得するための金銭の贈与を受けた場合、2000万円までは贈与を受けた居住用不動産の価額から控除することができる制度です。

また、この贈与税の配偶者控除は、暦年課税の非課税額110万円と併せて利用することができるため、2110万円までは贈与税がかかりません。

この贈与税の配偶者控除の適用を受けて贈与された財産は、相続開始前3年以内の贈与であっても相続税を計算する際に相続財産にプラスして計算する必要はありません。つまり、2000万円までの居住用財産は相続税も贈与税も課税されずに相続財産の減少を図ることができるのです。

この規定は、贈与を受けたあと住み続けるということが前提なので、この適用を受けてすぐに売却してしまうと適用が受けられなくなります。贈与税の配偶者控除の適用を受けて、贈与税がゼロの場合でも贈与税の申告書を翌年2月1日から3月15日までに提出しなければなりません。

相続開始の年にこの特例贈与を受けた場合には、贈与税の申告書を提出するとともに相続税の申告書に「贈与税の配偶者控除」の適用を受ける旨の一定の書類の提出が必要となります。この書類の提出がない場合は一般の贈与を受けたものとして取り扱われ、相続税の計算上、「3年以内の生前贈与加算」の規定の適用を受けることになります。

●居住用不動産の贈与は持分の方が有利

居住用不動産を贈与する場合、居住用不動産を持分（2分の1など割合）で贈与すると、土地は路線価、建物は固定資産税評価額で計算するため、評価額が時価（その時点での市場価格）に比べて3～4割低くなります。そのため、お金で贈与するより持分で贈与した方がよりたくさんの贈与をすることができるので、有利になります。

贈与税の配偶者控除の適用条件

①婚姻期間が20年以上である配偶者からの贈与であること。
②贈与された財産が、居住用不動産または居住用不動産を取得するための金銭であること。
③贈与された年の翌年の3月15日までに、贈与された居住用不動産に居住し、かつ、その後も引き続き居住する見込みであること。
④同じ配偶者から過去にこの特例の適用を受けていないこと。
⑤次の書類を添付して贈与税の申告をすること。書類は贈与を受けた日から10日を経過した日以後に作成されたものに限る。
・戸籍謄本または抄本
・戸籍の付票の写し
・贈与を受けた居住用不動産の登記事項証明書
・住民票の写し

贈与税の配偶者控除

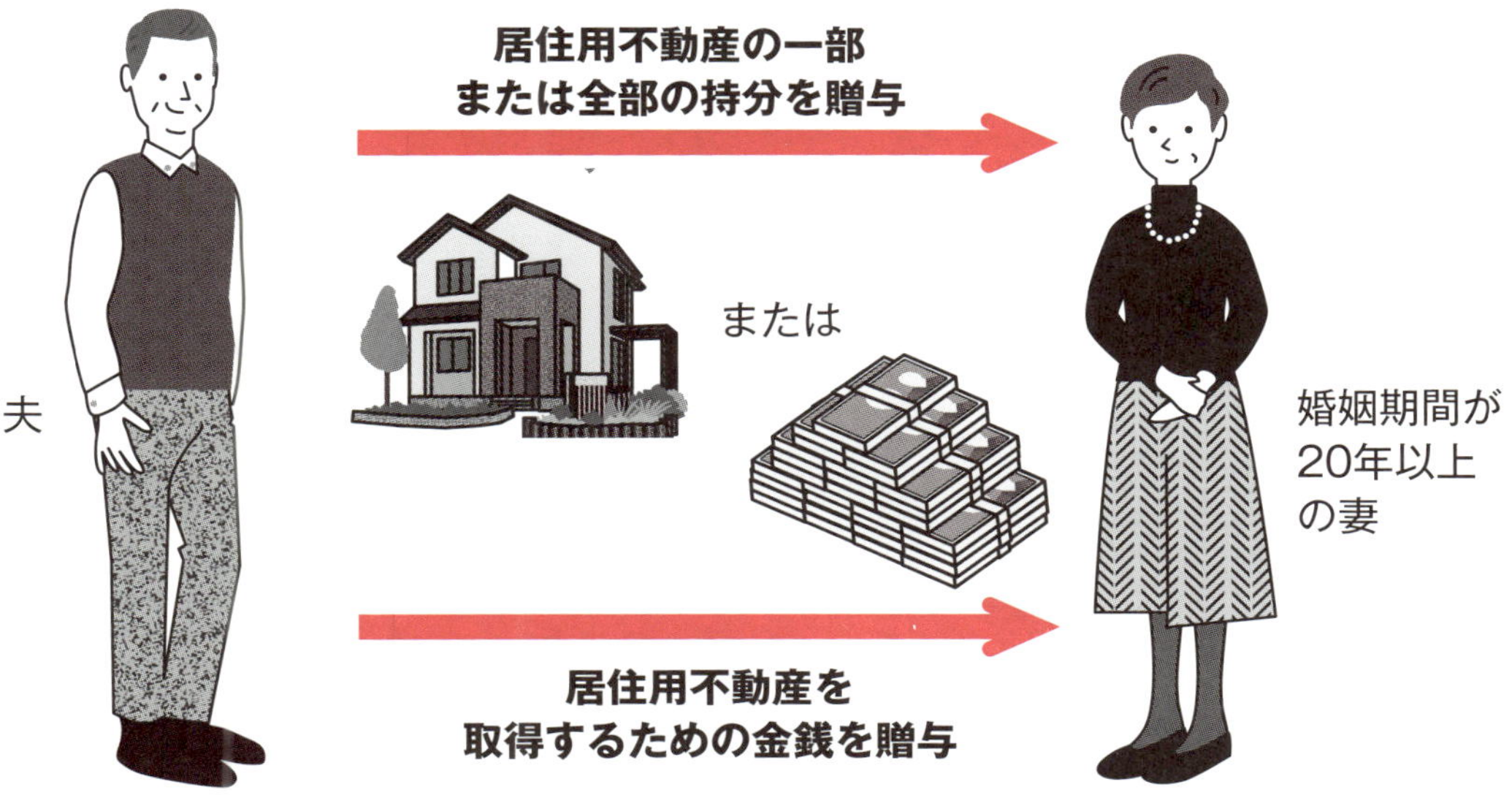

贈与税の配偶者控除 2,000万円	＋	暦年課税の非課税額 110万円	＝	2,110万円まで非課税

居住用財産の3000万円特別控除

マイホームを売却した場合、所得税では所有期間の長短に関係なく、譲渡所得から最高3000万円まで控除ができる特例があります。

夫婦2人で共有しているマイホームを売った場合、3000万円の特別控除は夫、妻それぞれ受けることができますので、合計6000万円の特別控除となります。

また、土地・建物を10年超所有している場合は、軽減税率の特例も併せて利用することができます。夫から「贈与税の配偶者控除」の適用を受けて取得した土地・建物の所有期間は、贈与した夫の取得の時期がそのまま贈与で取得した妻に引き継がれますので、贈与した夫が取得したときから、譲渡（売却）した年の1月1日までの所有期間が10年を超える場合は、譲渡所得の軽減税率が夫婦で使えることになります。

【事例】

夫から贈与税の配偶者控除の適用を受けて取得したマイホームを、夫の転勤で仕方なく1億円で売却しました。土地・建物の取得費は不明で、譲渡費用は500万円でした。土地・建物ともに夫婦共有で持分は2分の1ずつです。この場合、夫のみ3000万円の特別控除を受けた場合と、夫婦で計6000万円の特別控除を受けた場合で、税金はいくらになるか比べてみましょう。

●夫のみ特別控除3000万円の場合

↓譲渡所得税と住民税の合計852万6000円

●夫婦で特別控除6000万円の場合

↓譲渡所得税と住民税の合計426万3000円

このように、マイホームを土地・建物とも夫婦共有で2人分の控除を受けた場合、税金は約半分で済むことがわかります。

3000万円特別控除の手続き

居住用財産の3000万円控除の特例の適用を受ける場合には、譲渡した年の翌年2月16日から3月15日までに所得税の確定申告書を提出する必要があります。

3000万円の特別控除額を控除した結果、譲渡所得金額がゼロになる場合であっても、この特例の適用を受けるためには、必ず確定申告書を提出しなければなりません。

10 住宅取得等資金の贈与

●もらう人、あげる人どちらも有利

住宅取得等資金の贈与は、居住用の住宅を取得するためのお金を子どもや孫に贈与した場合、一定額まで贈与税を課さないというものです。「暦年課税」「相続時精算課税選択の特例」と組み合わせて使うことで多額のお金を非課税で贈与できるため、使い勝手のいい税制だといえます。

この制度は、父母・祖父母などの直系尊属（年齢は問わない）から受ける住宅取得等資金の贈与で、贈与があった年の1月1日の時点で20歳以上の子ども、孫が対象となります。住宅取得等資金の贈与は、子どもや孫などの受贈者（財産をもらう人）にとって贈与税が課されないとともに、贈与者（財産をあげる人）にとっても贈与したお金が相続税の課税価格に加算されないため、相続税の節税効果がある税制です。

住宅取得等資金の贈与は、居住用不動産そのものの贈与や住宅取得後に贈与を受けた金銭は対象にならないので気をつけてください。

住宅用家屋を取得するとき消費税率が10%の場合の住宅取得資金の非課税限度額

住宅取得の契約締結期間	家屋の種類	
	省エネ、耐震、バリアフリー等の家屋	左記以外の家屋
平成28年10月～平成29年9月	3,000万円	2,500万円
平成29年10月～平成30年９月	1,500万円	1,000万円
平成30年10月～平成31年6月	1,200万円	700万円

住宅取得等資金の贈与を受けるための適用要件

	相続時精算課税制度	住宅取得等資金の相続時精算課税選択の特例	住宅取得等資金の非課税制度
非課税枠	2,500万円		前ページの表参照
課税制度の選択	「暦年課税」か「相続時精算課税制度」かどちらかを選択		「相続時精算課税制度」と併用可能。
贈与者	贈与のあった年の1月1日時点で60歳以上の父母、祖父母	父母、祖父母 （年齢制限なし）	父母、祖父母 （年齢制限なし）
受贈者	贈与のあった年の1月1日時点で20歳以上の子ども、孫		・贈与のあった年の1月1日時点で20歳以上の子ども、孫 ・受贈者の合計所得金額が2,000万円以下（給与所得者の場合約2,245万円）
税率	非課税枠を超える部分に対して一律20%		・暦年課税の場合→非課税枠＋基礎控除額を超える部分に対して累進課税（10%～55%） ・相続時精算課税制度と併用する場合→非課税枠を超える部分に対して一律20%
贈与財産	不動産・有価証券・借入金の免除・金銭など、贈与回数にも制限なし 使途などの条件なし	自己の住宅およびその敷地の購入資金、一定の増改築の対価として充てるために受ける金銭の贈与であること（平成31年6月30日までに贈与した場合に限る）	
住宅の引渡		贈与の翌年3月15日までに、住宅の引渡しを受け、同日までに居住しているか、同日以降遅滞なく居住することが確実と見込まれること（平成31年6月30日までに締結している住宅用家屋の取得等に係る契約に限る）	
申告義務	贈与を受けた翌年2月1日から3月15日までに所轄税務署に贈与税の申告をしなければならない。		
その他		＊住宅用家屋の取得条件の確認が必要！	

住宅購入が得か、賃貸住宅が得か

父から住宅取得等資金の贈与や相続時精算課税制度を使って住宅を購入した長男が、その後、亡くなった父が住んでいた土地・家屋を相続することになったとしても宅地の評価を80％も下げられる小規模宅地等の特例を使うことはできません。なぜなら、父が住んでいた土地・家屋を引き継ぐ長男が相続開始前3年以内に自分の持ち家に住んでいた場合には、この特例は使えないことになっているからです。

家を離れて暮らす長男がこの小規模宅地等の特例を受けるには、父と同居する母および長男の兄弟姉妹がいないこと、この長男が賃貸住宅や社宅に住んでいること、相続税の申告期限まで土地・家屋を保有していることの要件を満たすことで適用を受けることができます。

たとえば、父が所有していた土地の評価額が1億円だった場合、80％減額した結果、２０００万円の評価で取得できることになります。

住宅取得等資金の贈与を使いマイホームを購入して相続財産を減少させるより、小規模宅地等の特例を使ったほうが得だったというケースが出てくるかもしれません。将来、親の土地を相続する予定がある場合にはよく考えて行動することが必要です（※小規模宅地等の特例については72ページ参照）。

申告書の提出

住宅取得等資金の贈与を受けた場合は、贈与を受けた年の翌年2月1日から3月15日までに、贈与を受けた人の住所地を所轄する税務署に贈与税の申告書を提出しなければいけません。

この贈与税の申告書には、父母・祖父母の直系尊属からの「住宅取得等資金の贈与の非課税制度の適用を受ける旨を記載した申告書」に、計算明細書、戸籍謄本、住民票の写し、登記事項証明書など一定の書類を添付する必要があります。

贈与税の納付期限は、金銭で一括納付することが原則で3月15日までに納付しなければいけません。

11 教育資金の一括贈与

教育資金の贈与で節税

父母・祖父母から30歳未満の子どもや孫に対して教育資金に充てるため1人につき1500万円（学校など以外のものに支払われる金銭については500万円を限度）まで一括で贈与できます。

もともと、親が被扶養者である子どもの生活費や教育費を必要なときにその都度支払っても、贈与税は課税されませんでした。日常生活に通常必要な費用にまで課税することは適当でないという趣旨からです。

この教育資金は1人につき1500万円まで非課税で一括贈与することができ、孫が3人いれば最大4500万円の資金を移すことができるため、相続税の課税対象となる財産を大きく減らす効果があります。しかも、この教育資金の贈与は父母・祖父母の贈与者が死亡したときに相続税の課税価格には加算されないため、相続税対策としての効果が大きいといえます。ただし、受贈者が30歳に達したときに残額があれば、残額に対して贈与税が課税されることになります。

この教育資金の一括贈与の適用期限は、平成31年3月31日まで延長となっています。

教育資金が使える範囲

学校などに支払われるお金

入園料、保育料、入学金、授業料、学用品費、修学旅行費、給食費、通学定期券代、進学時の引っ越し代、留学渡航費など学校や指導者を通じて購入したもの。

学校など以外に支払われるお金

学習塾、家庭教師、そろばん塾、ピアノ教室、水泳教室、野球、料理教室など。

教育資金の一括贈与

適用期限は平成25年4月1日～平成31年3月31日まで

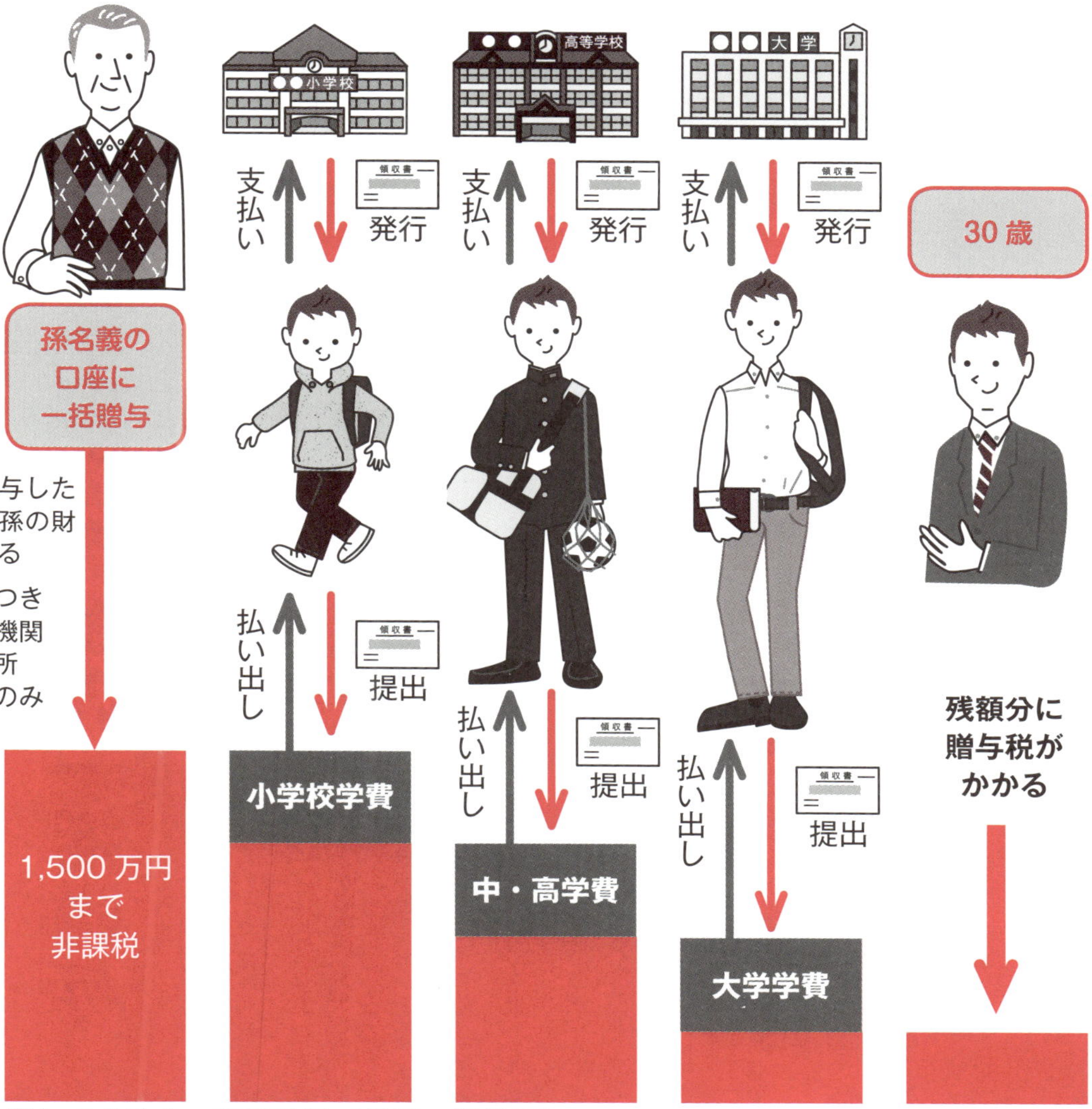

贈与できる人：直系尊属（父母、祖父母）
贈与を受けられる人：直系卑属（子、孫）

対象となる「教育資金」の主なもの

学校などに支払われるお金

入園料、保育料、入学金、授業料、学用品費、修学旅行費、給食費、通学定期券代、進学時の引っ越し費用、留学渡航費など学校や指導者を通じて購入したもの

学校など以外に支払われるお金

学習塾、家庭教師、そろばん塾、ピアノ教室、水泳教室、野球クラブ、料理教室など

12 結婚・子育て資金の一括贈与

●結婚・子育て資金の贈与で節税

父母・祖父母が子どもや孫（20歳以上50歳未満）に対して結婚・子育て資金に充てるために金銭などを一括で贈与した場合は贈与税が課されません。この結婚・子育て資金の贈与は、子どもまたは孫1人につき1000万円（結婚に際して支出する費用については300万円を限度）までの金額となります。この贈与は、若い世代にとっては資金負担の心配がなくありがたい税制といえます。

しかし、父母または祖父母が亡くなった場合、贈与した結婚・子育て資金の残額は相続財産に加算されるため、相続税対策としての効果は薄いといえます。

①終了時に残額がある場合の取り扱い

子どもまたは孫が50歳に達したとき結婚・子育て資金の残額があるときは、残額の贈与があったものとして子どもまたは孫に贈与税が課されます。50歳に達するまでの期間に子どもまたは孫が死亡したときは、結婚・子育て資金の残額があったとしても贈与税は課されません。

②贈与者が死亡した場合の取り扱い

贈与した父母または祖父母が死亡した日において結婚・子育て資金の残額があるときは、その残額を孫（受贈者）が祖父母（贈与者）から相続または遺贈により取得したものとみなして、祖父母（贈与者）の相続税の課税価格に加算することになります。ただし、この残額に対応する相続税額については2割加算の適用はありません。

③非課税申告書の提出

子どもまたは孫の受贈者が結婚・子育て資金一括贈与の適用を受ける場合は、非課税申告書を金融機関を経由して、受贈者の納税地の所轄税務署に提出しなければいけません。

結婚・子育て資金の一括贈与

平成27年4月1日～平成31年12月31日までの限定措置

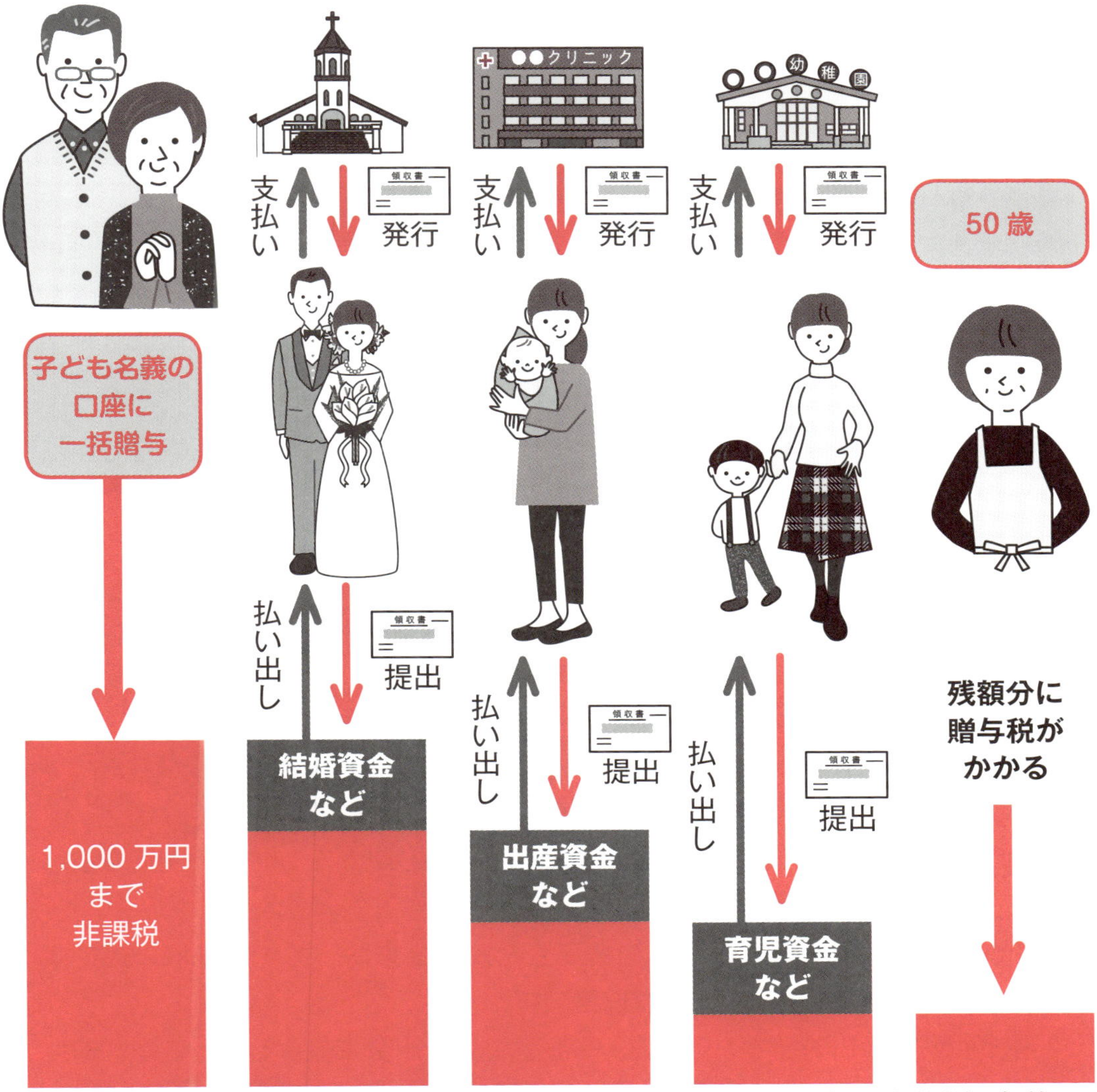

①父母・祖父母（贈与者）は金融機関に子・孫（20歳～50歳／受贈者）名義の口座を開設し、結婚・子育て資金を一括して拠出。
②この資金は、一人当たり1,000万円まで非課税とする。
③相続税回避を防止するため、贈与者死亡時の残高を相続財産に加算する。
④受贈者が50歳に達する日に口座は終了。残額分に贈与税を課税する。

対象となる「結婚・子育て資金」の主なもの

- 結婚関係資金→婚礼費用（結婚披露を含む）、住居費用、引っ越し費用
- 出産関係資金→不妊治療、妊娠、出産費用、産後費用
- 育児関係資金→子どもの医療費、子どもの保育料（ベビーシッター費含む）

気前のよい生前贈与には要注意
生活資金は十分に確保すべし！

贈与税には実に多様な非課税制度があります。暦年課税の贈与、相続時精算課税の贈与、住宅取得等資金の贈与、教育資金の一括贈与、結婚・子育て資金の一括贈与、贈与税の配偶者控除……と、これらの贈与を上手に使いこなせば相続税の節税に大いに役立ちますし、受贈者である子どもさんやお孫さんも喜ぶことでしょう。

しかし、気前よく贈与しすぎてしまうと、自分に残された余生の生活資金が底を尽き、生活が成り立たなくなる恐れがあるので注意が必要です。

いま特養老人ホームへの入所となると、ほとんどが満室で入居待ちの状態、簡単には入所できないと聞きます。

では、有料老人ホームはどうかといいますと、単身で入居するとして、例えば入居金（初期費用）が 500 万円、月額費用が 20 万円、諸経費 5 万円だとすると、初年度は年間 800 万円のお金がかかります。10 年間で 3,500 万円、20 年も元気で生活できたとなると 6,500 万円かかります。

これから先、有料老人ホームに入居しようとしたとき、団塊世代で溢れかえって施設が足りなくなり、さらに高額になる可能性もあります。

自分の余生があと何年あるかなんて誰にもわかりませんし、その生活資金はかなり大きな額になる可能性があるのです。

こうなったときに子どもさんやお孫さんが資金援助してくれればいいですが、なかなかそうもいかないのが現実です。

預貯金が 1 億円前後の方は、自分の生活資金を十分に確保したうえで、適度な生前贈与を考えてみてください。

Ⅲ

相続税から控除される税金

1 贈与税額控除

生前贈与なのに相続税？

相続や遺贈によって財産を取得した人が、相続開始前3年以内に被相続人から贈与により取得した財産は、相続財産に加算され相続税が計算されます。

3年以内の受贈財産には、財産の贈与があったときに贈与税が課されていますから、その財産は相続税と贈与税とでダブルで税金を払うことになってしまいます。一つの財産に相続税と贈与税の二つの税金が課税されることがないように、支払った贈与税は相続税から差し引くことにしています。これを「贈与税額控除」といいます。

なお、相続が開始した年の贈与財産や基礎控除額以下の贈与財産には贈与税がかかっていないので、贈与税額控除の対象になりません。相続財産に課される場合の贈与財産の課税価格は、相続があったときの価額ではなく、贈与があったときの価額となります。

相続開始前３年以内の贈与財産とは？

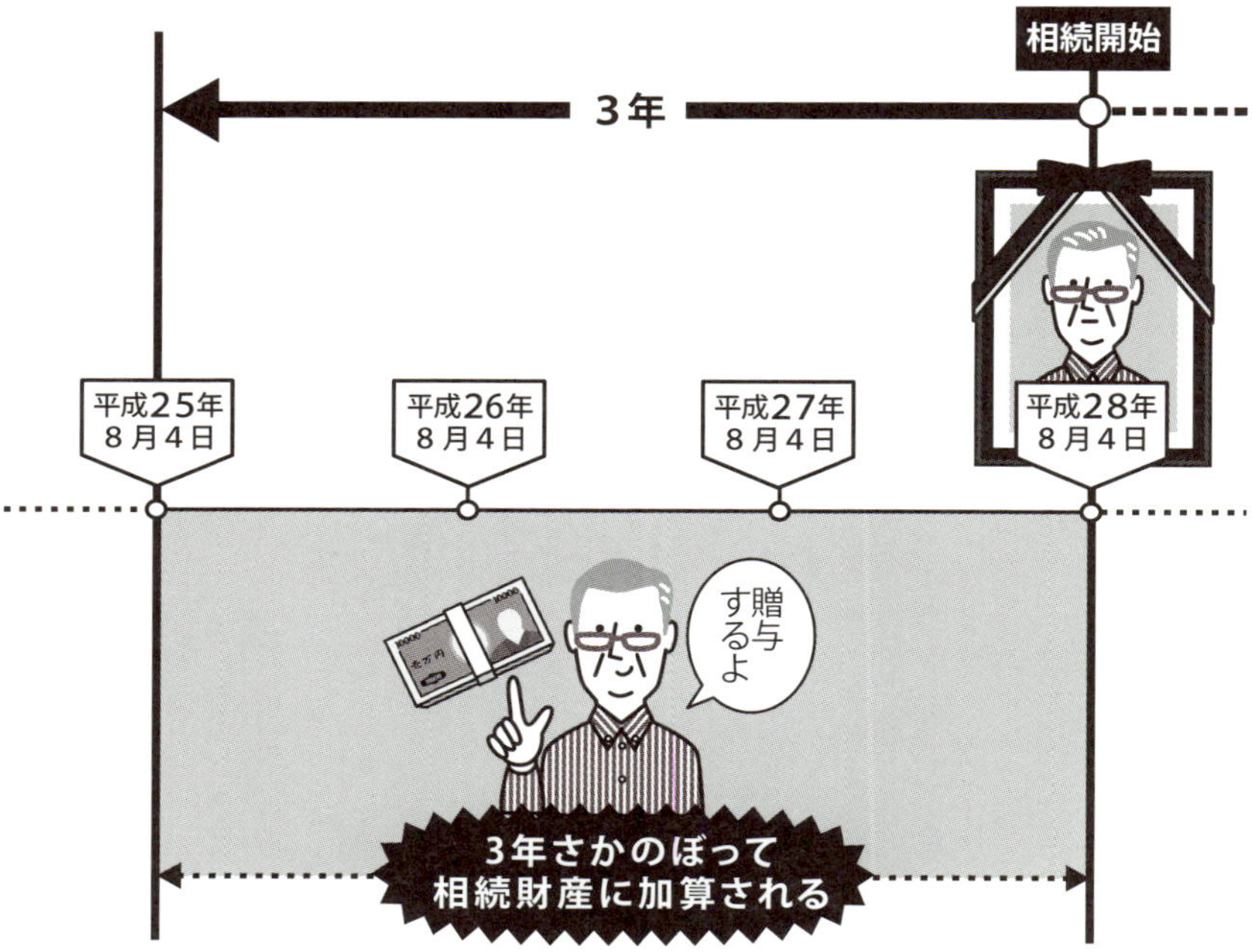

●控除される贈与税額はいくら?

父が死亡する前年に、相続人である長男（22歳）は父から300万円の現金を贈与され、母からも同じ年に200万円の現金の贈与を受けていました。この場合、長男の相続財産に加算される贈与財産は、父からの300万円の現金で、母からもらった現金200万円は加算の対象とはなりません。

ところが贈与税の計算は、暦年単位（1月1日～12月31日まで）で計算されるため、父からの300万円と母からの200万円の合計額500万円に対して贈与税が計算されます。この場合の贈与税額は、直系尊属からの贈与となるため、一般の贈与より贈与税率が小さくなります。

算出される贈与税額は下記のようになります。

納付した贈与税額は48万5000円ですが、母からの贈与財産に対する税金も含まれているため、次の算式で父からの贈与財産に見合う贈与税額を計算すると、29万1000円となり、この金額が長男の相続税額から控除されることになります。

贈与を受けた年分の贈与税額の計算

贈与財産		基礎控除額		課税対象となる金額
500万円	−	110万円	=	390万円

贈与税の課税対象財産		贈与税率		控除額		贈与税額
390万円	×	15%	−	10万円	=	485,000円

※贈与税の税率と控除額については102ページ参照

相続税から控除する税金の計算

贈与税額 485,000円 × 父からの贈与額 300万円 ／ 父と母からの贈与額 500万円 ＝ 相続税からの控除税額 291,000円

2 配偶者の税額軽減

相続税額をゼロにすることができる配偶者の税額軽減の是非

相続税には、配偶者だけに認められた「配偶者の税額軽減」という特例があります。この配偶者の税額軽減は、1億6000万円または配偶者の法定相続分のうち、どちらか大きい金額までは相続税がかかりません。

たとえば、相続人が妻と子ども1人の場合、被相続人の遺産総額が5億円だとして、配偶者の法定相続分は2分の1となります。よって、2億5000万円までは相続税はゼロとなります。

これは、残された配偶者の生活保障や、同一世代間の財産移転であること、また、夫婦で築き上げてきた財産形成に貢献したことを考慮して設けられた制度です。

配偶者の場合、近い将来にその配偶者本人が亡くなって再び相続が訪れるので、そのとき取り戻せばいいというこ

とかもしれません。

配偶者の税額軽減を適用する場合は、次の相続まで考えて相続する遺産額を考えておかないと、次の相続で思わぬ納税が発生することがあります。

先ほどの例と同じく、相続人が妻と子ども1人の場合、一回目の相続（第一次相続という）では配偶者の税額軽減の特例をフル活用して妻が多額の遺産を相続することにより、子どもの相続税を抑えることができます。

そうすると次の相続（第二次相続という）のとき、前回妻が多額の遺産を相続したこと、前回相続人が2人だったのに第二次相続では相続人が1人となるため、基礎控除額が1人分少なくなること、また、配偶者の税額軽減が使えないため納税額が増えることが予想されます。

次の4つの設例で、配偶者がどのくらいの財産を相続したら相続税が少なくなるか、第一次相続・第二次相続を合わせて見ていきたいと思います。

●第一次相続は第二次相続に注意!!

【設例1】 遺産総額1億円の場合

死亡した父が残してくれた遺産総額は1億円でした。相続人は母と長女の2人です。

母が2分の1の5000万円を相続した場合、第一次相続と第二次相続で長女が納付した相続税は合計545万円でした。

母が遺産総額1億円をまるまる相続した場合、第一次相続で長女が納付する相続税はありませんが、第二次相続で納付した相続税は1220万円でした。

結果的に、母が2分の1の5000万円を相続した方が、長女が納付する相続税は675万円分少なくて済みます。

●遺産総額1億円の場合の長女の納付額

	母が1/2の5000万円を相続した場合	母が1億円を相続した場合
第一次相続	385万円	0万円
第二次相続	160万円	1,220万円
合　計	545万円	1,220万円
差　引		675万円

【設例2】 遺産総額2億円の場合

死亡した父が残してくれた遺産額は2億円でした。相続人は母と長女の2人です。

母が2分の1の1億円を相続した場合、第一次相続と第二次相続で長女が納付した相続税は合計2890万円でした。

母が、遺産総額2億円のうち1億6000万円を相続した場合、第一次相続、第二次相続で長女が納付した相続税は合計3928万円でした。

結果的に、母が2分の1の1億円を相続した方が、長女が納付する相続税は1038万円分少なくて済みます。（次ページに表あり）

●遺産総額2億円の場合の長女の納付額

	母が1/2の1億円を相続した場合	母が1億6000万円を相続した場合
第一次相続	1,670万円	668万円
第二次相続	1,220万円	3,260万円
合　計	2,890万円	3,928万円
差　引		1,038万円

【設例3】遺産総額4億円の場合

死亡した父が残してくれた遺産総額は4億円でした。相続人は母と長女の2人です。

母が2分の1の2億円を相続した場合、第一次相続と第二次相続で長女が納付した相続税は合計1億320万円でした。

母が遺産総額4億円のうち1億6000万円を相続した場合、第一次相続と第二相続で長女が納付した相続税は合計9812万円でした。

結果的に、母が2分の1の2億円を相続した方が、長女が納付する相続税は508万円分増えることになります。

●遺産総額4億円の場合の長女の納付額

	母が1/2の2億円を相続した場合	母が1億6000万円を相続した場合
第一次相続	5,460万円	6,552万円
第二次相続	4,860万円	3,260万円
合　計	1億320万円	9,812万円
差　引	508万円	

【設例4】 遺産総額5億円の場合

死亡した父が残してくれた遺産総額は5億円でした。相続人は母と長女の2人です。母が2分の1の2億5000万円を相続した場合、第一次相続と第二次相続で長女が納付した相続税は合計1億4535万円でした。

母が遺産総額5億円のうち1億6000万円を相続した場合、第一次相続と第二次相続で長女が納付した相続税は合計1億3602万8千円でした。

母が2分の1の2億5000万円を相続した場合、長女が納付する相続税は932万2千円分増えます。

以上四つの例示より、「配偶者の税額軽減額」の適用を受ける場合には、第二次相続の納付税額を考慮して遺産分割の金額を決める必要があるといえます。

●遺産総額5億円の場合の長女の納付額

	母が1/2の2億5000万円を相続した場合	母が1億6000万円を相続した場合
第一次相続	7,605万円	1億342万8千円
第二次相続	6,930万円	3,260万円
合　計	1億4,535万円	1億3,602万8千円
差　引	932万2千円	

配偶者の税額軽減を受ける時の注意点

①配偶者の税額軽減の適用を受けた場合は、相続税がゼロであったとしても相続税の申告が必要となります。

②相続税の申告期限までに遺産分割が確定していない財産については、この軽減を受けることはできません。

③相続税の申告期限までに遺産分割が確定していない場合、相続税の申告書に「申告期限後3年以内の分割見込書」を添付します。相続税の申告期限後3年以内に分割が確定した場合には、遺産分割確定後4カ月以内に申告することで配偶者の税額軽減を受けることができます。

④仮装または隠蔽されていた財産は、配偶者の税額軽減の対象となりません。

参考　125ページの設例の計算根拠

遺産総額　：１億円
法定相続人：母と長女の２人
基礎控除額：3,000万円＋600万円×法定相続人の数（２人）＝4,200万円
課税遺産　：１億円－4,200万円＝5,800万円
5,800万円×法定相続分1/2＝2,900万円（各人の法定相続分に応じた金額）
（2,900万円×税率15％－控除額50万円）×２人＝相続税の総額770万円

【例１】母が法定相続分1/2の5,000万円を取得した場合

第一次の相続税

母　：770万円×（5,000万円／１億円）＝385万円→配偶者軽減で納税なし
長女：770万円×（5,000万円／１億円）＝385万円→納税額

第二次の相続税

遺産総額　：5,000万円
法定相続人：長女1人
基礎控除額：3,000万円＋600万円×法定相続人の数（１人）＝3,600万円
課税遺産　：5,000万円－3,600万円＝1,400万円
納付税額　：（1,400万円×税率15％－控除額50万円）×1人＝160万円
→長女の納税額

【例２】母が１億円を取得した場合

第一次の相続税

母　：770万円×（1億円／1億円）＝770万円→配偶者軽減で納税なし
長女：財産を取得していないため納付額ゼロ

第二次の相続税

遺産総額　：1億円
法定相続人：長女１人
基礎控除額：3,000万円＋600万円×法定相続人の数（１人）＝3,600万円
課税遺産　：１億円－3,600万円＝6,400万円
納付税額　：（6,400万円×税率30％－控除額700万円）×1人＝1,220万円
→長女の納税額

3 相次相続控除

●相次相続控除とは？

3年前に祖父が亡くなり、祖父の介護をしていた母は心労と気落ちからか体調を崩して亡くなりました。このように10年以内に次の相続が発生した場合、相続税を支払う側にとって税負担が重くのしかかるため、前回納付した相続税額のうち一定額を、今回の相続税額から控除する制度があります。

これを「相次相続控除」と呼びます。

3年前の祖父の相続のことを「第一次相続」、今回の母の相続を「第二次相続」と呼びますが、相次相続控除は、「第二次相続」のときに、「第一次相続」で支払った相続税の一部を差し引くことができる仕組みです。相次相続控除の具体的な計算は次ページをご覧ください。

●相次相続控除が受けられる人

たとえば祖父が亡くなって相続が発生し、その数年後に母が亡くなって再び相続が発生したとします。この場合、相次相続控除が受けられる人は次のすべてに当てはまる人です。

①母の相続人であること。

この制度の適用対象者は、相続人に限定されています。相続の放棄をした人および相続権を失った人は適用されません。また、相続人以外の者に対する遺贈で財産を取得した人も除かれます。

②第二次相続の開始前10年以内に開始した相続により母が財産を取得し、相続税が課税されていること。

相次相続控除の計算

【相次相続控除の算式】

$$\text{相次相続控除} = A \times \frac{C}{B-A}^{※} \times \frac{D}{C} \times \frac{10-E}{10}$$

※ $\frac{C}{B-A}$ の割合が $\frac{100}{100}$ を越えるときは $\frac{100}{100}$ で計算

A：第二次相続に係る母が第一次相続により支払った相続税額

B：第二次相続に係る母が第一次相続により取得した財産の額

C：第二次相続により相続人および受遺者の全員が取得した財産の額

D：第二次相続により長男または長女が取得した財産の額

E：第一次相続から第二次相続までの経過年数（１年未満の端数は切り捨て）

【相次相続控除の具体例】

長男の祖父は３年前に亡くなりました。法定相続人は母だけだったので、相続で揉めることなく３億円を相続し、相続税9,180万円を納付しました。そして祖父の死から３年後、心労のため母が亡くなり、第二次相続が発生しました。母の財産は４億円で、相続人である長男と長女がそれぞれ２分の１ずつ相続しました。

（A）第二次相続に係る母が第一次相続により支払った相続税額	9,180万円
（B）第二次相続に係る母が第一次相続により取得した財産の額	3億円
（C）第二次相続により相続人および受遺者の全員が取得した財産の額	4億円
（D）第二次相続により長男または長女が取得した財産の額	2億円
（E）第一次相続から第二次相続までの経過年数（１年未満の端数は切り捨て）	3年

長男（または長女）が受けた相次相続控除額

$$9{,}180\text{万円} \times \frac{4\text{億円}}{3\text{億円}-9{,}180\text{万円}} \times \frac{2\text{億円}}{4\text{億円}} \times \frac{10\text{年}-3\text{年}}{10\text{年}}$$

$$= 3{,}213\text{万円}$$

よって、相次相続控除は 3,213 万円

4 未成年者に設けられている控除額

●相続税額から控除できる未成年者控除額

未成年者控除は、20歳未満の法定相続人が相続または遺贈により財産を取得したときに、20歳に達するまでの養育費や教育費を考慮して、一定の算式で計算した金額を相続税の額から控除することをいいます。

未成年者が相続を放棄した場合であっても、遺贈で財産を取得したときは未成年者控除を受けることができます。被相続人の子が先に死亡しているため、孫が相続人となった場合で、その孫が未成年者であるときは、代襲相続人の孫も未成年者控除を受けることができます。

未成年者控除は、相続人が20歳になるまでの年数1年につき10万円が相続税額から控除されます。なお、未成年者控除額が、その未成年者本人の相続税額より大きいため未成年者控除額の全額を引ききれないときは、その引ききれなかった金額をその未成年者の扶養義務者の相続税額から差し引くことができます。扶養義務者とは、父母や直系血族などをいいます。

なお、その未成年者が以前にも未成年者控除を受けているときは、控除額が制限されることがあります。

【事例】

父が亡くなり、相続人は母と長男の2人です。長男の年齢は15歳4カ月となります。この場合、長男の相続税額から控除できる未成年者控除額はいくらになりますか？

年数の計算に当たり、1年未満の期間があるときは端数を切り捨てて計算します。たとえば、未成年者の年齢が15歳4カ月の場合は、4カ月を切り捨てて15歳で計算します。

未成年者控除額
= 10万円 × [20才－相続時の年齢(端数切捨)]

相続人が15歳の場合の未成年者控除額
10万円 × (20才－15歳) = 50万円

5 障害者に設けられている控除額

●相続税額から控除できる障害者控除額

障害者控除は、障害者である法定相続人で国内に住所を有する人が相続または遺贈により財産を取得した場合、85歳に達するまでの年数につき、一定の算式で計算した金額が相続税額から控除されます。

控除される金額は、一般障害者と特別障害者に分けられ、障害の程度によって変わってきます。

一般障害者の場合、障害者控除の額はその障害者が満85歳になるまでの年数1年につき10万円で計算します。

特別障害者の場合、障害者控除の額はその障害者が満85歳になるまでの年数1年につき20万円で計算します。

なお、障害者控除額が、その障害者本人の相続税額より大きいため引ききれないときは、その引ききれない部分の金額をその障害者の扶養義務者の相続税額から差し引くことができます。扶養義務者とは、配偶者、父母などの直系血族をいいます。

また、その障害者が以前にも障害者控除を受けているときは、控除額が制限されることがあります。

【事例】

夫が亡くなり、相続人は妻と障害者手帳4級を持つ息子の2人です。息子の年齢は35歳8カ月です。

年数の計算に当たり、1年未満の期間があるときは端数を切り捨てて計算します。なお、障害者手帳の1・2級の方は、特別障害者に該当し控除額が20万円になります。

障害者控除額

＝ 10万円 ×［85才－相続時の年齢（端数切捨）］

相続人が35歳の場合の障害者控除額

10万円 ×（85才－35歳）＝ 500万円

Ⅳ

相続税の申告期限

1 相続税の申告と納付の方法

相続税申告書の提出期限

相続税の申告は、相続の開始があったことを知った日の翌日から10カ月以内に申告しなければいけないことになっています。たとえば、8月4日に死亡した場合にはその翌年の6月4日が申告期限になります。なお、申告日が土曜日、日曜日、祝日などに当たる場合は、これらの日の翌日が申告期限となります。

相続財産の分割協議が揉めている場合

遺言書がなく遺産分割協議の話し合いがつかない場合でも、相続人は民法で定めている法定相続分で相続財産を取得したものと仮定して、相続の開始があったことを知った日の翌日から10カ月以内に申告しなければいけないことになっています。

ただし、未分割の相続税申告書と一緒に「申告期限後3年以内の分割見込書」を提出し、申告期限から3年以内に遺産分割が終われば、更正の請求や修正申告することで小規模宅地等の特例、配偶者の税額軽減の適用を受けることができます。

相続税申告書の提出先

相続税申告書の提出先は、被相続人の死亡時の住所地の所轄税務署です。相続人の住所地の税務署ではないので注意してください。

相続税申告書の提出は一通で足《た》り、相続人全員分の申告書を提出する必要はありません。申告は単独でもできますが、通常は相続人全員が一通の申告書に連署して押印して提出しています。

相続税の納付期限

相続税の納付期限は、申告書の提出期限と同じ日となり、金銭で一括納付するのが原則です。納付が遅れたときは延滞税がかかりますので注意してください。

納付書はどこで手に入る？

最寄りの税務署でもらってください。相続税の申告を税理士事務所に依頼した場合は、税理士事務所で納付書に納付税額を記入してお渡ししています。

納付方法

相続税の納付は、相続財産を取得した相続人が銀行・信用金庫・信用組合・郵便局などの窓口で納付します。

相続税は金銭で一度に納めることが原則ですが、一度に納めることができない場合には、一定の制約はつきますが延納や物納が認められます。

申告期限を過ぎてしまったら

相続税申告書の提出期限までに申告書を提出できなかった場合や、実際に取得した財産よりも少ない額で申告した場合は、本来の税金のほかに加算税や延滞税がかかるので注意が必要です。

なお、申告期限までに提出すべき書類の提出ができないときは、配偶者の税額軽減や小規模宅地等の特例が使えなくなってしまうため、多額の相続税を納付することになります。よって申告期限日には十分な注意が必要です。

現金納付が困難なときは延納がある

一般家庭の相続財産は、通常、現金よりも不動産が多いため、相続税が多額になると現金で一括納付することが難しい場合が考えられます。このように申告期限内に現金で一括納付することが難しい場合には、相続税を分割で支払う延納という方法が認められています。

延納を希望する場合は、「延納申請書」など必要書類を申告期限までに相続税の申告書と一緒に所轄の税務署に提出し、延納の許可を受けなければいけません。

延納が認められた場合に、相続税を分割して支払うことができることになります。延納できる期間は通常5年以内ですが、相続財産のなかで不動産などの占める割合が大きい場合は、最高20年まで認められています。

延納を認めてもらうには、担保の提供など一定の条件が必要な上に、利子税がかかります。利子税のパーセントは、不動産が占める割合や延納期間によって変わってきます。利子率が高率となっていますので、銀行から安い金利で借りられる場合は、銀行から借りて、相続税を一括で支払った方が得策だといえます。

延納が無理な場合は物納を考える

相続税は、申告期限までに金銭で一括納付することが原則ですが、一括で支払えない場合は延納により納付することになります。延納によっても金銭で納付することが難しい場合は、納税者の申請によって、金銭での納付が難しい金額を限度として相続財産そのもので納付することができることになっています。これを物納といいます。物納制度は、金銭納付の例外規定ということができます。

物納を希望する場合は、申告期限までに物納をしようとする財産の種類および価格などを記載した「物納申請書」を作成し、相続税の申告書と一緒に所轄の税務署長に提出し、物納の許可を受けなければいけません。

物納を選択する場合は、お金で納付することができないことはもちろんのこと、物納を申請する財産は相続財産でなければいけません。

物納できる財産とその優先順位

物納する財産は次の通りで、物納する順番が決められています。

第一順位：国債、地方債、不動産、船舶

第二順位：社債・株式・貸付信託または証券投資信託の受益証券

第三順位：不動産

V

我が家の相続事例

事例1 母が相続した宅地の取扱いは？

私の家族は、父、母、兄、私の４人です。家族全員父が購入した家に住んでいました。今年、父が死亡し、遺してくれた財産を下記のように遺産分割しました。

父が所有していた土地・建物を配偶者である母が相続によって取得した場合、特定居住用宅地等の特例は、土地面積３３０㎡まではその用途を問わず無条件で80％の減額ができます。

また、被相続人の死亡時に受け取る生命保険金と退職手当金については、「５００万円×法定相続人の数」の金額を控除することができます。今回の相続人である母、兄、私が納付すべき相続税額を計算してみましょう。

ちなみに、１２４ページで説明したように、配偶者については「配偶者の税額軽減」の特例により、１億６０００万円または配偶者の法定相続分のうち、どちらか大きい金額までは相続税がかかりません。これにより、たいていの場合は配偶者の相続税額はゼロということになります。

父が遺した相続財産と遺産分割

●母が取得した相続財産

- 退職手当金（死亡退職金）　3,000 万円
- 居住用住宅➡固定資産税評価額　1,500 万円
- 宅地（132㎡）➡宅地評価額　7,920 万円

●兄が取得した相続財産

- 現預金　2,500 万円
- 生命保険金　1,750 万円

●私が取得した相続財産

- 現預金　2,500 万円
- 生命保険金　1,750 万円

事例① 配偶者である母が取得

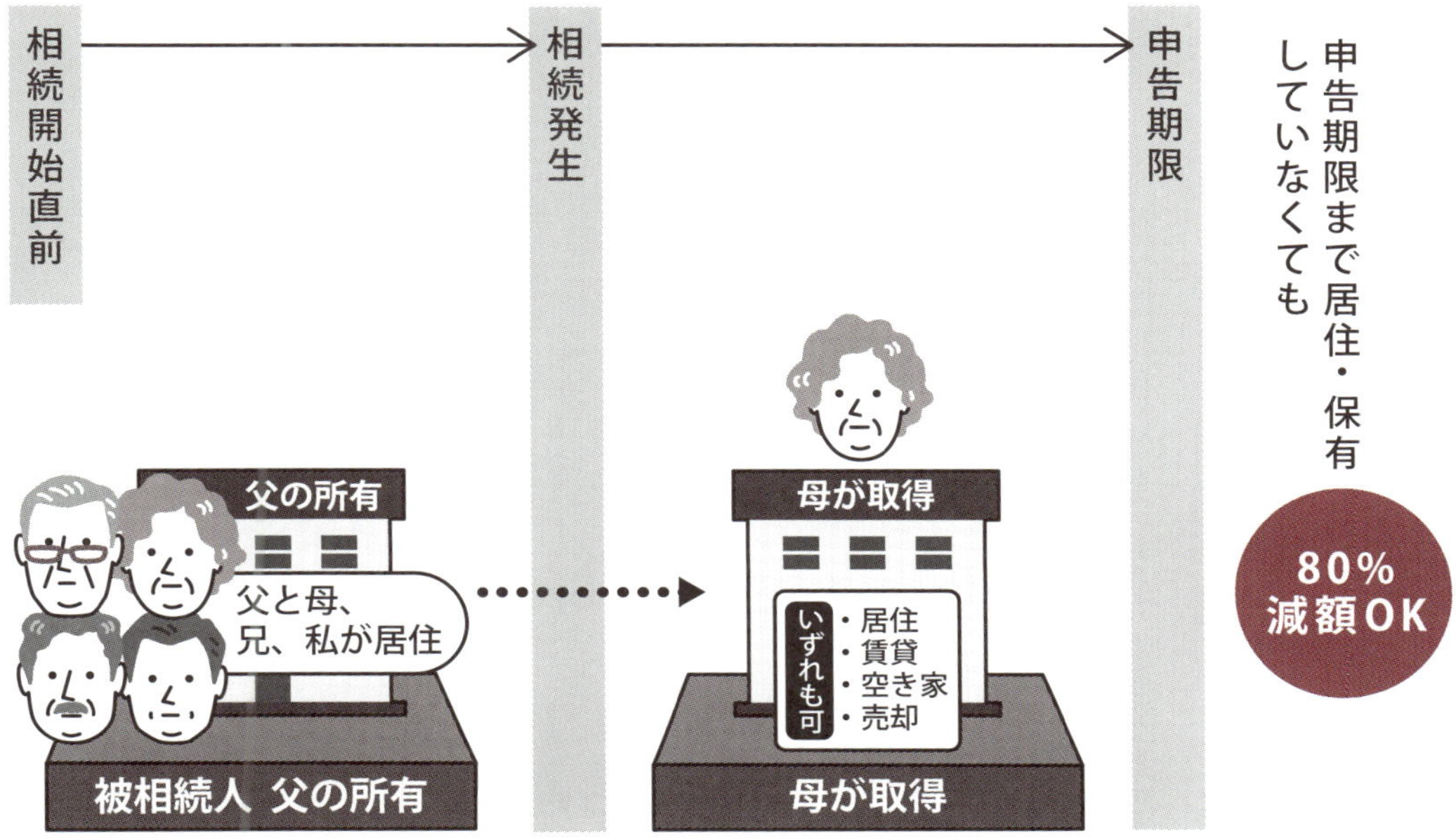

・各相続人の納付税額

納税義務者	取得した財産の価額	納付税額
母	1億2,420万円	0円
兄	4,250万円	266万1,600円
私	4,250万円	266万1,600円

※計算式はP162に記載しています。

事例2 持ち家に住んでいる兄が相続した宅地の取扱いは？

　私の家族は、父、母、兄、私の４人です。兄は結婚し持ち家に住んでいます。私は、独身で家を出て賃貸マンションに一人暮らしです。今年、父が死亡し、遺してくれた財産を下記のように遺産分割しました。

　兄が取得した土地・建物について特定居住用宅地等の特例を受けることができるか検討したところ、該当しないことがわかりました。生計を別にする相続人が土地を取得する場合、父が住んでいた家屋に母や兄の兄弟が住んでいないこと、相続開始前３年以内に兄または兄の配偶者が所有する日本国内にある持ち家に住んだことがないことが特定居住用宅地等の特例の要件になるためです。

　兄は相続開始前３年以内に自己の持ち家に住んでいるため80％の減額はできません。今回の相続人である母、兄、私が納付すべき相続税額を計算してみましょう。

父が遺した相続財産と遺産分割

●母が取得した相続財産

・退職手当金（死亡退職金）　3,000万円

・生命保険金　3,500万円

●兄が取得した相続財産

・居住用住宅➡固定資産税評価額　1,500万円

・宅地（132㎡）➡宅地評価額　7,920万円

●私が取得した相続財産

・現預金　5,000万円

事例② 生計別で持ち家を所有する兄が取得

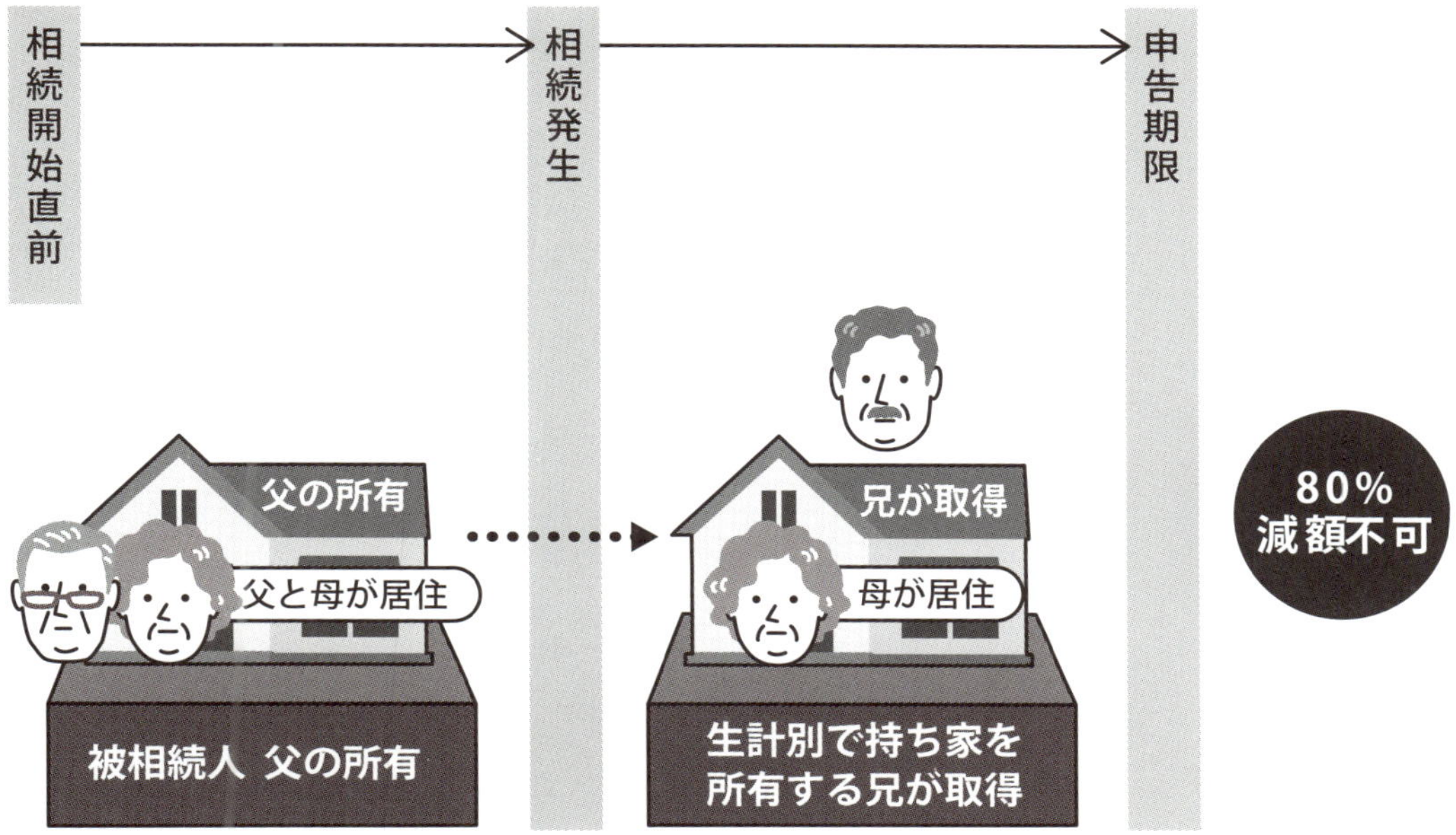

・各相続人の納付税額

納税義務者	取得した財産の価額	納付税額
母	6,500万円	0円
兄	9,420万円	1,155万4,000円
私	5,000万円	610万4,000円

※計算式はP163に記載しています。

事例３ 父と同居していた私が相続した宅地の取扱いは？

私の家族は、父、母、姉、私の４人です。父母と私は父が所有していた家に住んでいます。姉は結婚して夫の持ち家に住んでいます。今年、父が死亡し、遺してくれた財産を下記のように遺産分割しました。

父が所有していた土地・建物は同居していた私が相続することになりました。私が取得した土地について特定居住用宅地等の特例を受けることができるか検討したところ、相続開始時から申告期限まで相続した土地・建物に住んでいること、そして売却などせずに保有していることで土地面積３３０㎡まで80%の減額を受けられることがわかりました。今回の相続人である母、姉、私が納付すべき相続税額を計算してみましょう。

父が遺した相続財産と遺産分割

●母が取得した相続財産

・退職手当金（死亡退職金）　3,000 万円

・生命保険金　3,500 万円

●姉が取得した相続財産

・現預金　5,000 万円

●私が取得した相続財産

・居住用住宅➡固定資産税評価額　1,500 万円

・宅地（132㎡）➡宅地評価額　7,920 万円

事例③ 同居親族の私が取得

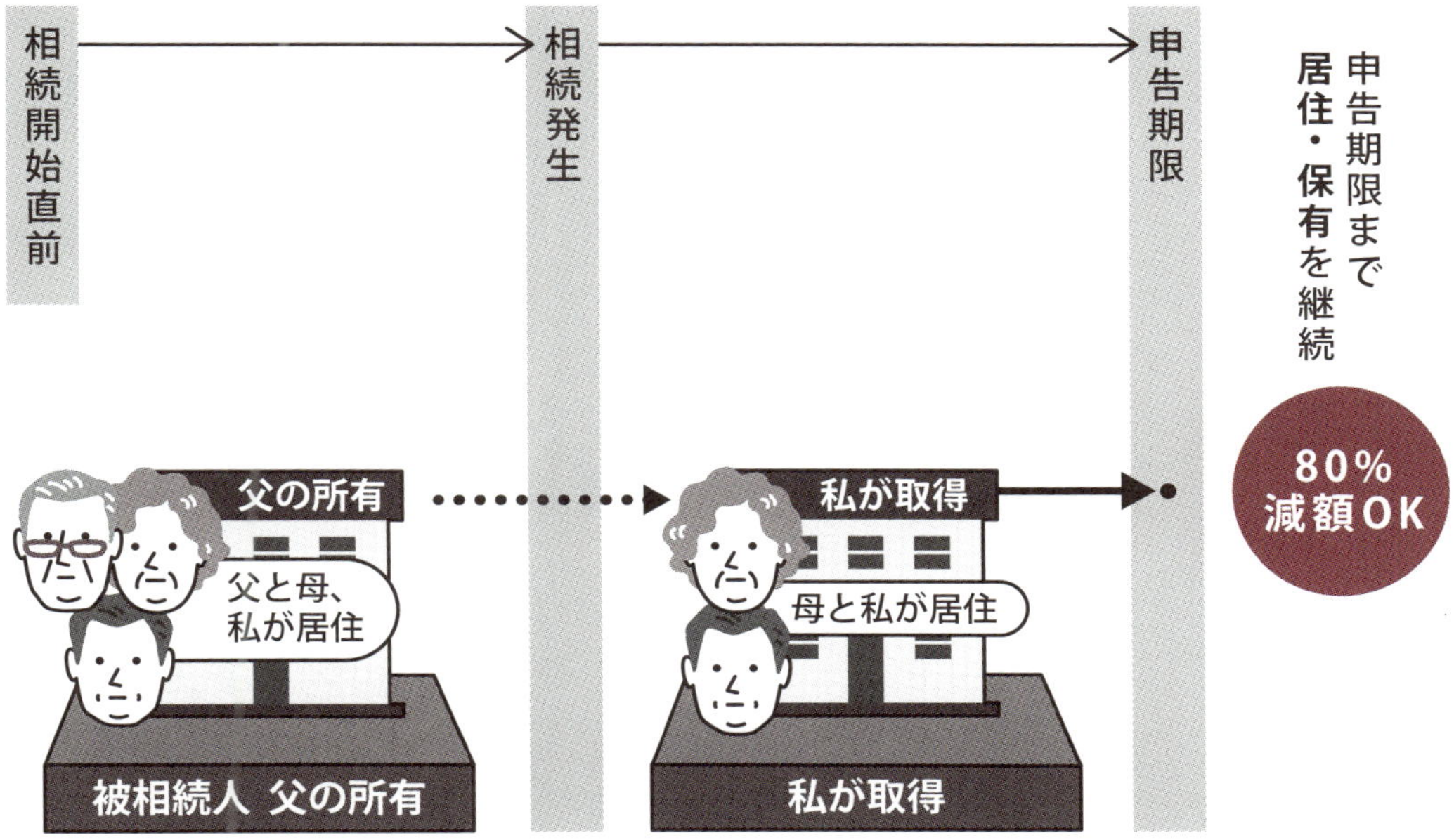

・各相続人の納付税額

納税義務者	取得した財産の価額	納付税額
母	6,500万円	0円
姉	5,000万円	381万4,900円
私	9,420万円	239万5,400円

※計算式はP164に記載しています。

事例 4 賃貸マンション暮らしの私が相続した宅地の取扱いは?

私の家族は、父、母、兄、私の4人です。父は昨年他界し、父の後を追うように1年後の今年母が亡くなりました。母は父から相続した家に住んでいましたが、同居していた者はなく一人暮らしでした。兄は結婚し持ち家に住んでいます。私は独身で家を出て賃貸マンションに一人暮らしです。母が遺してくれた財産を下記のように遺産分割しました。

親と離れて暮らしていた私が取得した土地・建物について特定居住用宅地等の特例を受けることができるか検討したところ、相続開始前3年以内に私または私の配偶者が所有する日本国内にある家屋に住んだことがないこと、そして、その相続した土地・家屋を申告期限まで保有していることが要件となり、その要件を満たすので、特定居住用宅地等として330㎡まで80%を減額することができます。今回の相続人である兄、私が納付すべき相続税額を計算してみましょう。

母が遺した相続財産と遺産分割

●兄が取得した相続財産

・現預金　1億円

●私が取得した相続財産

・居住用住宅➡固定資産税評価額　1,500万円

・宅地（132㎡）➡宅地評価額　7,920万円

事例④「家なき子」の私が取得

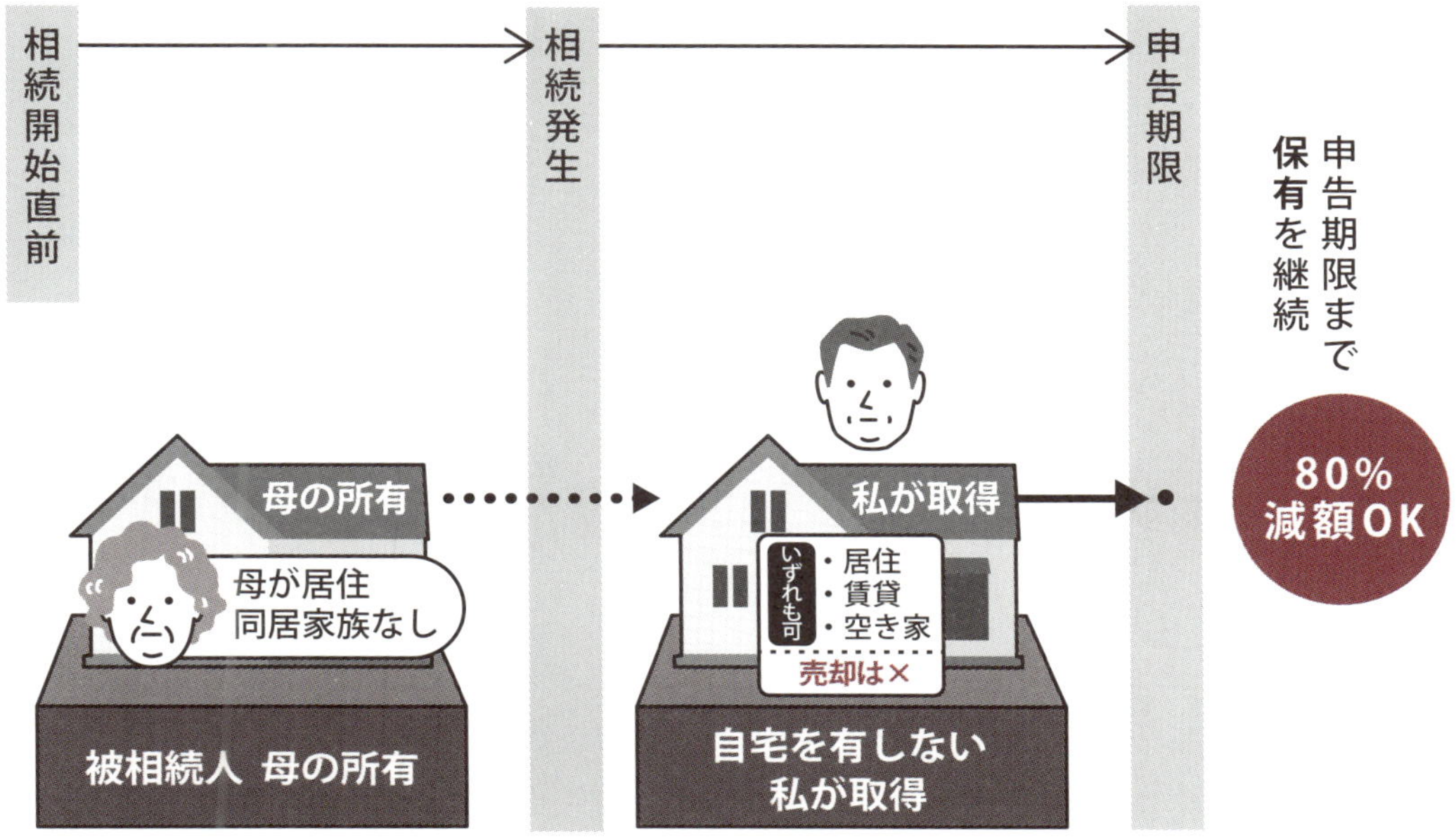

※「家なき子」とは？
相続開始前3年以内に日本国内にある自己または自己の配偶者の所有する家屋に居住したことがないこと。

・各相続人の納付税額（相次相続控除額は考慮しない）

納税義務者	取得した財産の価額	納付税額
兄	1億円	1,046万3,600円
私	9,420万円	330万4,300円

※計算式はP165に記載しています。

事例 5 相続人でない孫が相続することになった宅地の取扱いは？

　母はすでに他界し、東京に住む父は、父所有の宅地に建物（敷地面積１８０㎡）を建て、そこに住んでいました。会社員の私は、大阪で高層マンションの一室を購入し家族とともに住んでいます。しかし、私の娘は東京の大学に修学しており父と暮らしています。父は、遺言書で孫（私の娘）に東京の土地・建物を遺贈すると記載していました。父が死亡し、遺してくれた財産を下記のように遺産分割しました。

　父が所有していた土地・建物を同居していた私の娘が遺贈により取得した場合、申告期限まで遺贈により取得した土地・建物に住んでいること、そして売却などせずに保有していることが要件となり、その要件を満たす場合、特定居住用宅地等として土地面積３３０㎡まで80％の減額を受けることができます。今回の相続人である私、私の娘（孫）が納付すべき相続税額を計算してみましょう。

父が遺した相続財産と遺産分割

●私が取得した相続財産

・現預金　8,000 万円

・有価証券　2,000 万円

●私の娘（孫）が遺贈により取得した相続財産

・居住用住宅➡固定資産税評価額　1,000 万円

・宅地（165㎡）➡宅地評価額　5,775 万円

事例⑤ 同居親族の孫が取得

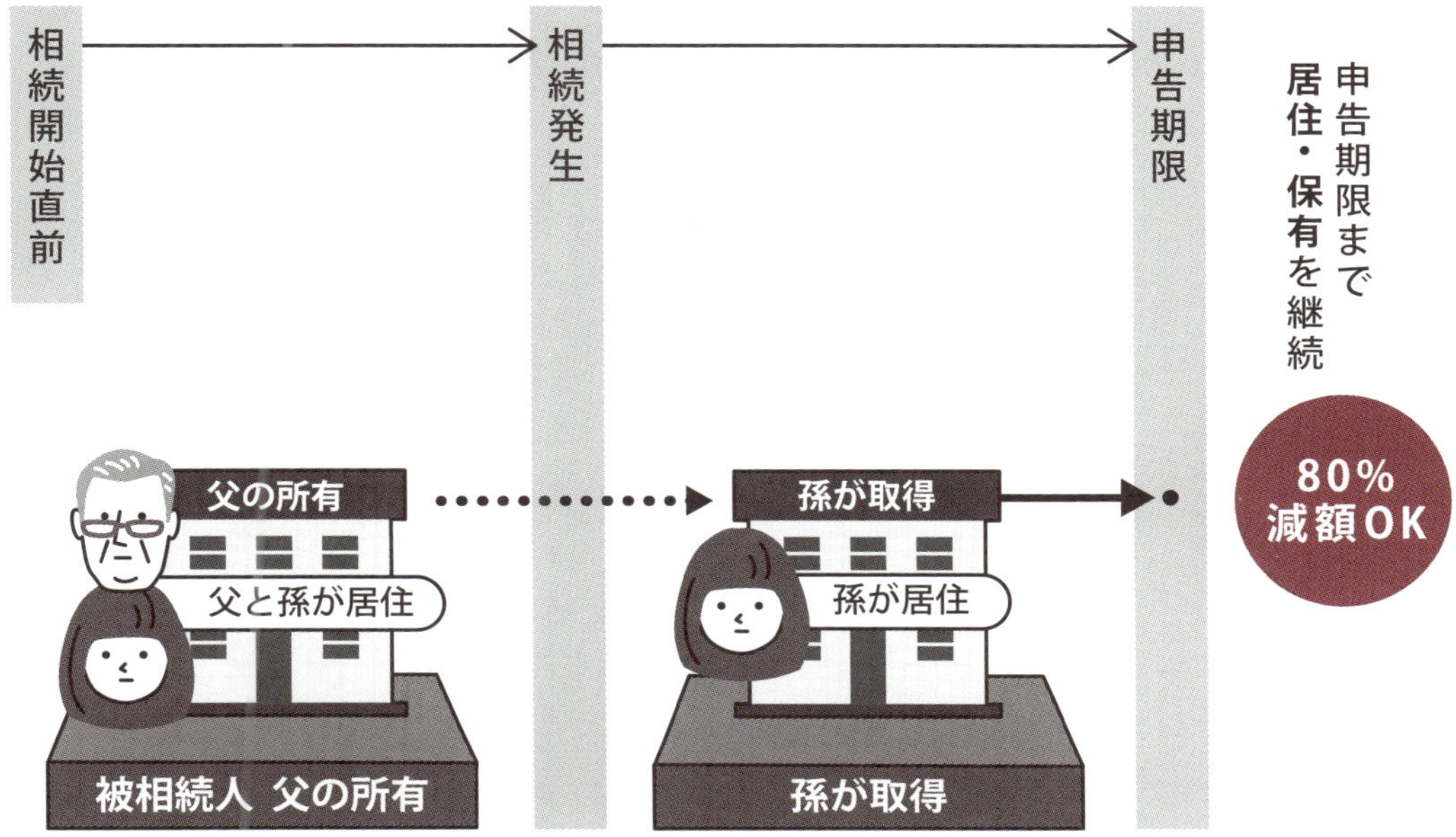

・各相続人の納付税額

納税義務者	取得した財産の価額	納付税額
私	1億円	1,530万5,300円
私の娘（孫）	6,775万円	403万1,600円

※計算式はP166に記載しています。

事例6 賃貸マンション暮らしの私が相続した宅地の取扱いは？

母はすでに他界し、家族は父と私の２人です。東京に住む父は、父所有の宅地に建物（敷地面積１８０㎡）を建て、そこに住んでいました。会社員の私は、大阪で高層マンションの一室を購入し家族とともに住んでいます。しかし、転勤命令が出たため大阪のマンションは賃貸にして、４年前から宮崎市内で賃貸マンションに暮らしています。今年父が死亡し、遺してくれた財産を下記のように相続しました。

親と離れて暮らしている私が土地・建物を相続しましたが、私は相続開始前３年以内に私または私の配偶者が所有する日本国内にある家屋に住んでないことから、その相続した土地・建物を申告期限まで保有していれば特定居住用宅地等として３３０㎡まで80％を減額することができます。

また、相続した建物を賃貸した場合でも、特定居住用宅地等の特例の適用を受けることができます。今回の相続人である私が納付すべき相続税額を計算してみましょう。

父が遺した相続財産の内訳

●私が取得した相続財産

- 現預金　8,000万円
- 有価証券　2,000万円
- 居住用住宅➡固定資産税評価額　1,500万円
- 宅地（180㎡）➡宅地評価額　6,300万円

事例⑥「家なき子」の私が取得

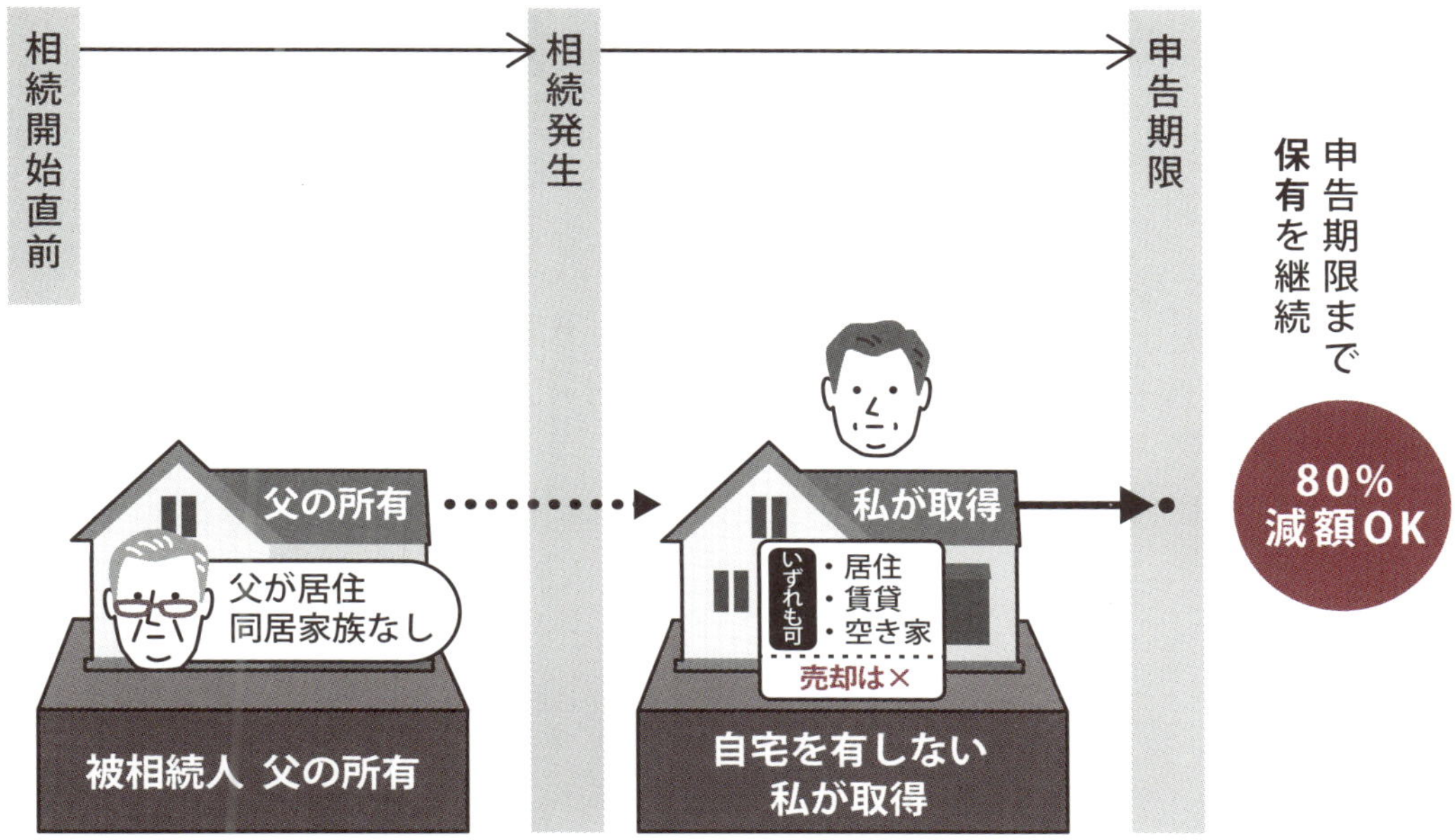

※「家なき子」とは？
相続開始前3年以内に日本国内にある自己または自己の配偶者の所有する家屋に居住したことがないこと。

・各相続人の納付税額

納税義務者	取得した財産の価額	納付税額
私	1億7,800円	2,048万円

※計算式はP167に記載しています。

事例7 生計別で二世帯住宅を相続した場合の宅地の取扱いは？（区分所有登記なし）

父所有の宅地に父母と私は二世帯住宅を建てて住んでいます。一階には父と母が住み、二階には私の家族が住んでいます。建物は父と私がそれぞれお金を出し合って建てたもので、区分所有登記（住宅内部で行き来ができないもの）をしていない一棟の建物です。今回、父の死亡で、母と私は財産を下記のように遺産分割しました。

父の死亡で私は、父が所有していた建物部分と土地を相続しました。区分登記していない建物を相続した場合、一階と二階で別々に住み、別々の生計だとしても同居していると考えるため、相続開始時から申告期限まで引き続き住んでいて、宅地などを保有している場合は特定居住用宅地等に該当するため土地面積330㎡まで80%の減額を受けることができるということです。今回の相続人である母、私が納付すべき相続税額を計算してみましょう。

父が遺した相続財産と遺産分割

●母が取得した相続財産

・現預金　7,000万円

●私が取得した相続財産

・有価証券　1,000万円

・居住用住宅➡固定資産税評価額　1,500万円

・宅地（132㎡）➡宅地評価額　5,280万円

事例⑦ 二世帯住宅で建物の区分所有登記がされていない（生計別）

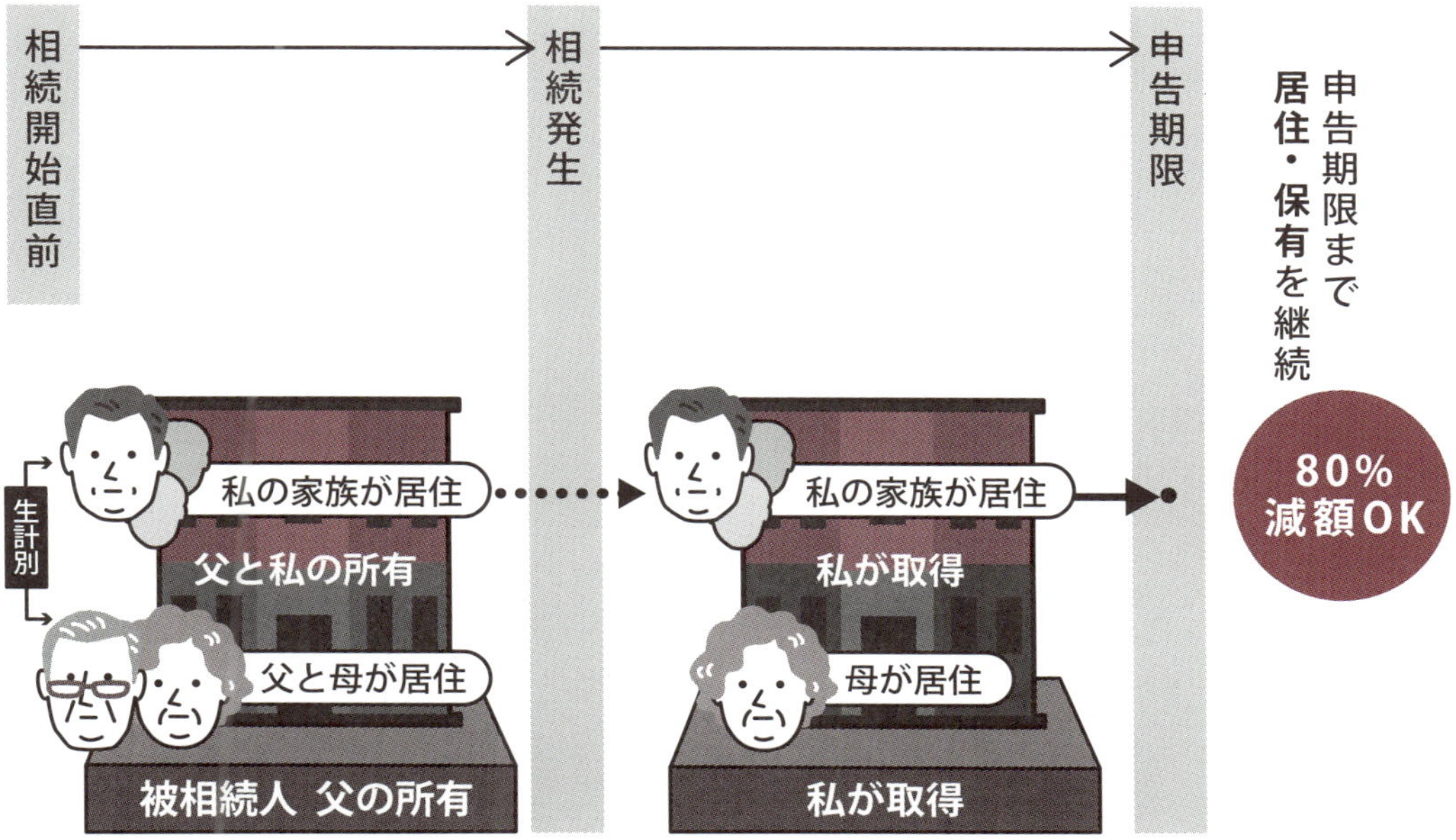

・各相続人の納付税額

納税義務者	取得した財産の価額	納付税額
母	7,000万円	0円
私	7,780万円	296万2,000円

※計算式はP168に記載しています。

事例 8 生計別で二世帯住宅を相続した場合の宅地の取扱いは？（区分所有登記あり）

父所有の宅地に二世帯住宅を建てました。一階に父と母が居住し、二階に生計を別にする私の家族が住んでいます。建物は父と私がそれぞれお金を出し合って建てたもので区分所有登記（住宅内部で行き来ができないもの）をしている一棟の建物です。

父は今年亡くなり、父が遺してくれた財産を下記のように遺産分割しました。

生計を別にしている私が、区分所有登記している土地・建物を相続した場合、私は父と起居をともにしていないため同居親族に該当しません。また、私は自分の所有する建物に住んでいるため家なき子にも該当しません。ですから、相続により取得した土地・建物を相続開始時から申告期限まで引き続き住んでいて、宅地などを保有している場合であっても特定居住用宅地等に該当せず、80%の減額はできません。今回の相続人である母、私が納付すべき相続税額を計算してみましょう。

父が遺した相続財産と遺産分割

●母が取得した相続財産

・現預金　　7,000 万円

●私が取得した相続財産

・有価証券　1,000 万円

・居住用住宅➡固定資産税評価額　1,500 万円

・宅地（132㎡）➡宅地評価額　5,280 万円

事例⑧ 二世帯住宅で建物の区分所有登記がされている（生計別）

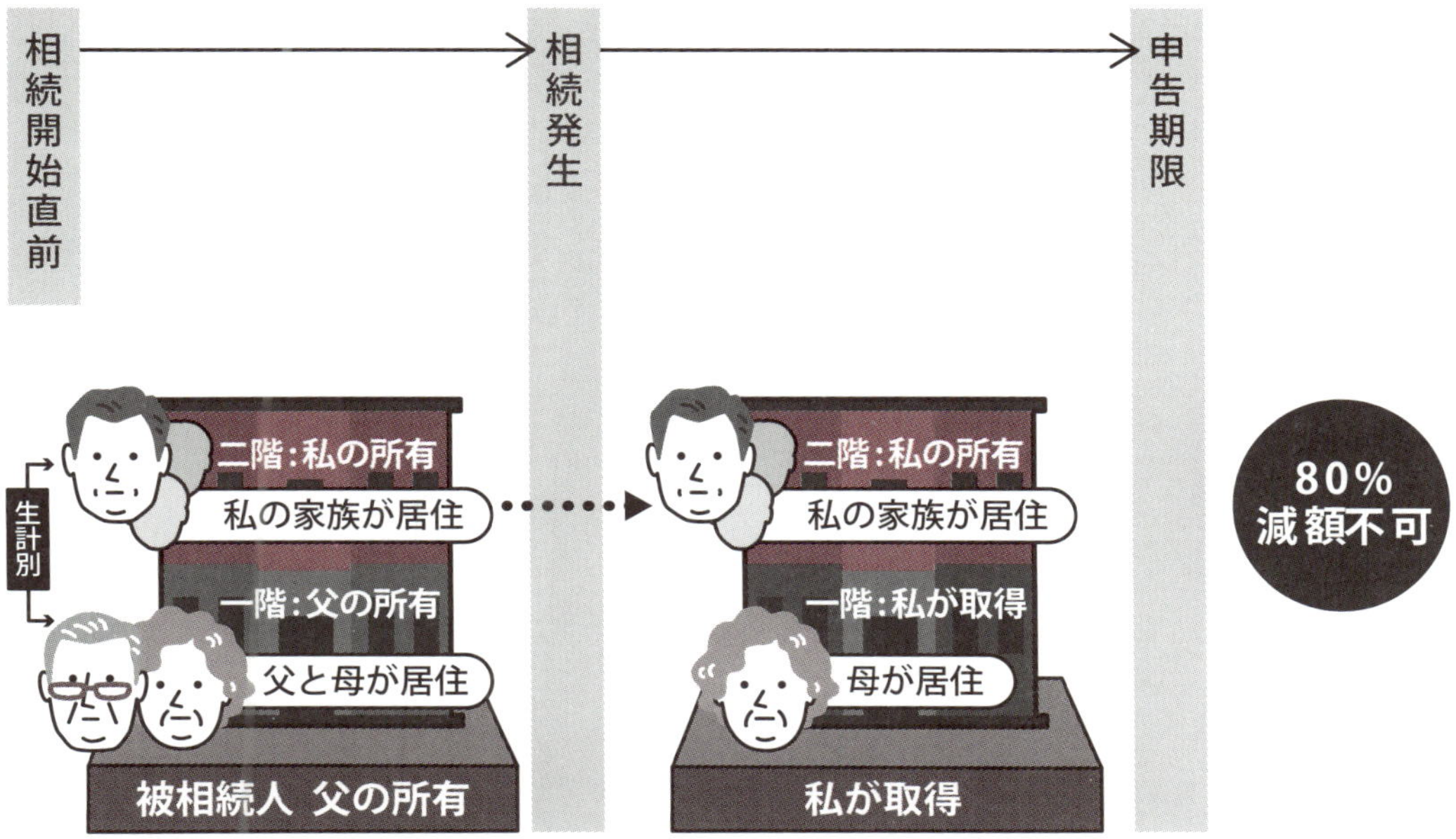

・各相続人の納付税額

納税義務者	取得した財産の価額	納付税額
母	7,000万円	0円
私	7,780万円	940万2,200円

※計算式はP169に記載しています。

事例9 父の敷地内に私が所有する家屋を建てた場合の宅地の取扱いは？（生計別の場合）

母はすでに他界し、父は父所有の敷地面積350㎡のうちS土地部分（200㎡）にS家屋を建てて住んでいます。私は隣接したT土地部分（150㎡）にT家屋を建てさせてもらい住んでいます。妹はすでに嫁ぎ、夫と娘3人で仲良く暮らしています。

父は高齢のため身の回りのことがおぼつかなくなり、私の妻が日常生活の世話をしてきました。父と私の生計は別々です。今年になり父が他界したので、下記の通り遺産分割しました。

相続したS土地、T土地が特定居住用宅地等に該当するかどうかを検討したところ、S家屋は父が1人で住んでいて私は起居をともにしていなかったため同居親族とは認められず、S土地は特定居住用宅地等に該当しません。また、T家屋も生計別の私が住んでいたためT土地も特定居住用宅地等に該当しません。今回の相続人である私、妹が納付すべき相続税額を計算してみましょう。

父が遺した相続財産と遺産分割

●私が取得した相続財産

・居住用住宅➡固定資産税評価額　1,000万円

・宅地（350㎡）➡宅地評価額

S土地	6,000万円
T土地	4,500万円

●妹が取得した相続財産

・現預金	6,000万円
・生命保険金	2,500万円

事例⑨ 生計別で私に持ち家がある

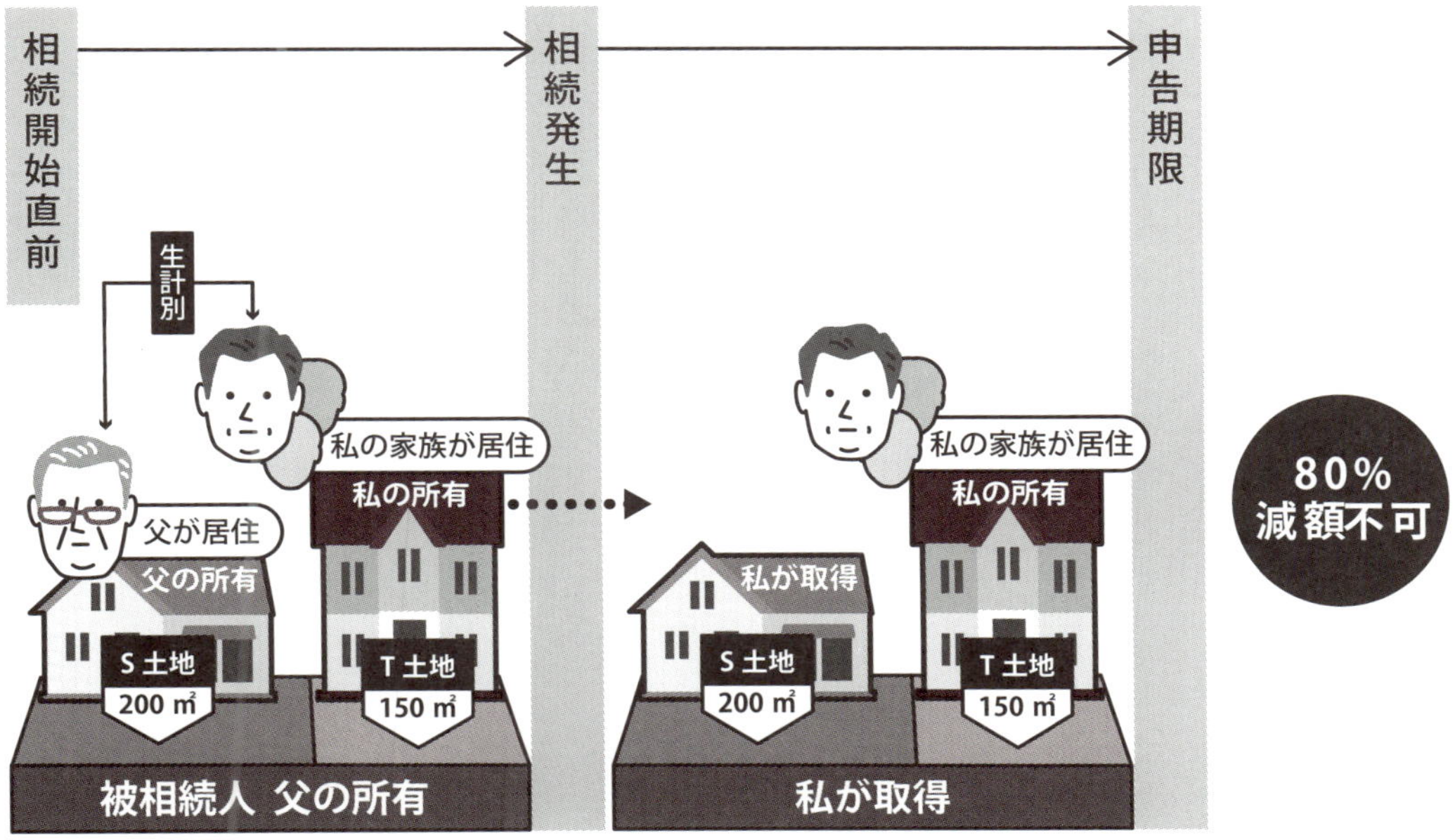

・各相続人の納付税額

納税義務者	取得した財産の価額	納付税額
私	1億1,500万円	1,854万4,000円
妹	8,500万円	1,185万6,000円

※計算式はP170に記載しています。

事例10 父の敷地内に私が所有する家屋を建てた場合の宅地の取扱いは？（生計一の場合）

母はすでに他界し、父は父所有のS土地にS家屋（敷地面積200㎡）を建てて1人で住み、私は父所有の隣接するT土地に私が所有するT家屋（敷地面積150㎡）を建てて住んでいました。父と私は生計を一にしています。妹はすでに嫁いでいます。今年になり父は病状が悪化し亡くなりました。父から相続した財産は下記の通り遺産分割しました。

取得した土地のうちS土地については、父と私が起居をともにしていないため特定居住用宅地等に該当せず、私が所有するT家屋の敷地T土地（敷地面積150㎡）は父と生計を一にしていた私の居住の用に供していた宅地ということで相続開始前から申告期限まで引き続き住んでいて、土地・建物を保有していれば特定居住用宅地等に該当し80%の減額ができることがわかりました。今回の相続人である私、妹が納付すべき相続税額を計算してみましょう。

父が遺した相続財産と遺産分割

●私が取得した相続財産

・居住用住宅➡固定資産税評価額　1,000万円

・宅地（350㎡）➡宅地評価額

S土地　6,000万円

T土地　4,500万円

●妹が取得した相続財産

・現預金　6,000万円

・生命保険金　2,500万円

事例⑩ 生計一で私に持ち家がある

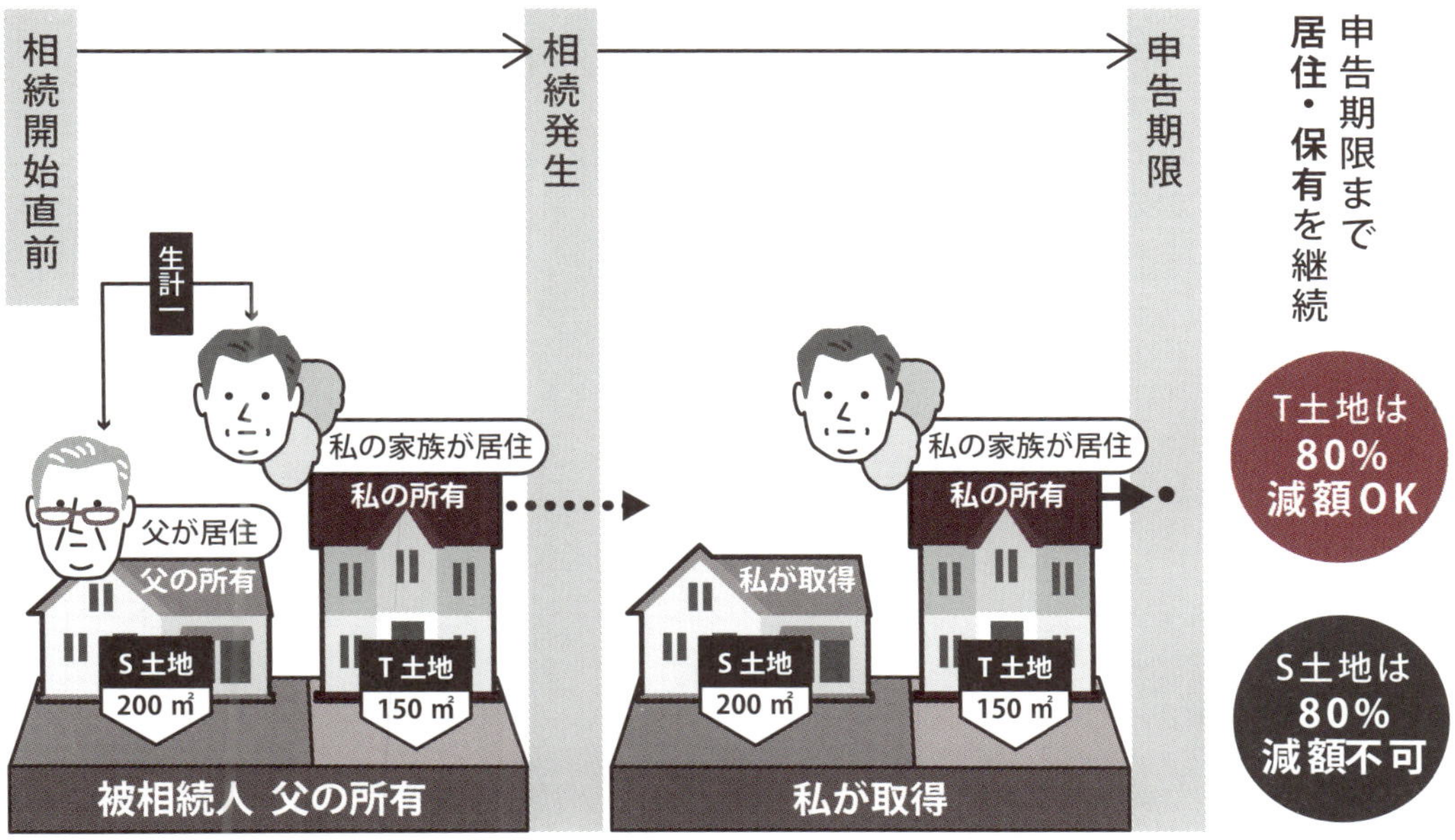

・各相続人の納付税額

納税義務者	取得した財産の価額	納付税額
私	1億1,500万円	999万6,000円
妹	8,500万円	960万4,000円

※計算式はP171に記載しています。

事例11 父所有の家屋に住んでいた私が相続した宅地の取扱いは？

母はすでに他界し、父は父所有の敷地面積350㎡のうちS土地部分（200㎡）にS家屋を建てて1人で住んでいました。私は隣接したT土地部分（150㎡）にT家屋を父に建ててもらって住んでいます。父は高齢のため身の回りのことがおぼつかなくなり、私の妻が日常生活の世話をしてきました。父と私の生計は別々です。妹はすでに嫁いでいます。今年になり父が他界し、財産を下記の通り遺産分割しました。

相続したS土地、T土地ですが、S土地は私が相続開始前3年以内に私または私の配偶者が所有する家屋に住んだことがないことから「家なき子」が取得したことになり、申告期限まで保有継続の要件を満たすことで特定居住用宅地等に該当することになります。T土地は、生計別の親族が住んでいたことになり、特定居住用宅地等に該当しません。今回の相続人である私、妹が納付すべき相続税額を計算してみましょう。

父が遺した相続財産と遺産分割

●私が取得した相続財産

・居住用住宅➡固定資産税評価額

S家屋	1,000万円
T家屋	1,000万円

・宅地（350㎡）➡宅地評価額

S土地	6,000万円
T土地	4,500万円

●妹が取得した相続財産

・現預金　6,000万円

・生命保険金　2,500万円

事例⑪ 生計別の長男（家なき子）が取得

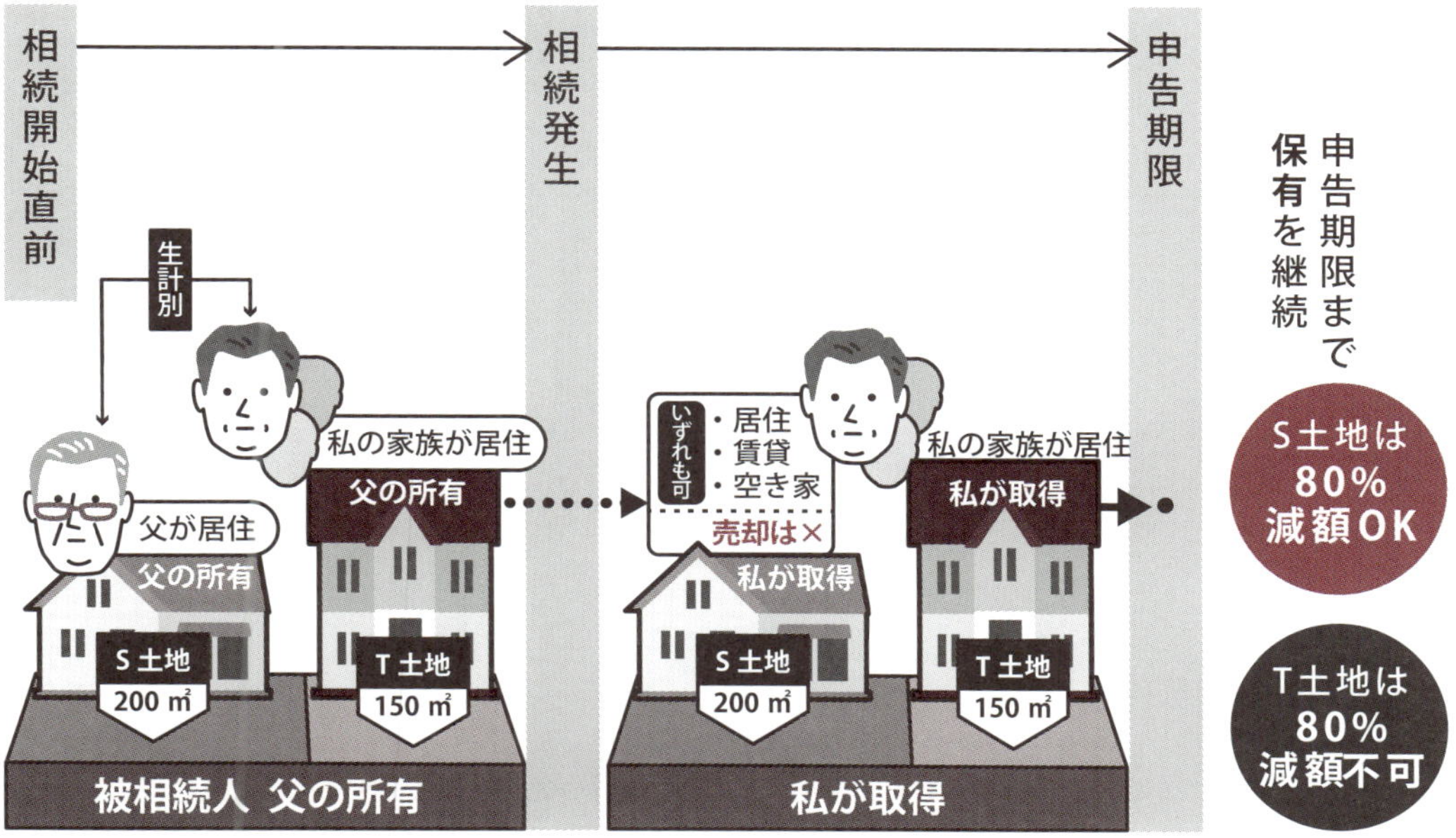

・各相続人の納付税額

納税義務者	取得した財産の価額	納付税額
私	1億2,500万円	969万円
妹	8,500万円	931万円

※計算式はP172に記載しています。

事例 12 居住用と貸付用の建物がある場合の宅地の取扱いは？

父所有の宅地に父は三階建ての建物を建て、一階は賃貸住宅、二階は父と母が住み、三階は私の家族が住んでいます。今年父が死亡し、残してくれた財産を下記のように遺産分割しました。父が所有していた三階建ての建物の一階は貸付けの専用部分として、二、三階は居住用専用部分として区分登記しています。しかし、二階と三階は区分されておらず、一つの専用部分として登記しています。

一階は申告期限まで父の貸付事業を継続し、土地を保有していれば貸付事業用宅地等として50％の減額ができます。二、三階の居住部分は、父の居住の用に供されていた一棟の建物で、その建物に居住していた私が申告期限まで引き続きその宅地を有し、かつ、その建物に居住していれば、特定居住用宅地等に該当し80％の減額ができます。今回の相続人である母、私が納付すべき相続税額を計算してみましょう。

父が遺した相続財産と遺産分割

●母が取得した相続財産

・現預金　7,000 万円

●私が取得した相続財産

・有価証券　1,000 万円

・建物➡固定資産税評価額（各階 100㎡）
居住部分　1,000 万円
賃貸部分　1,000 万円

・宅地（180㎡）➡宅地評価額
居住用土地　6,000 万円
賃貸用土地　3,000 万円

事例⑫ 居住用と貸付用の建物で区分所有登記がされている（生計別）

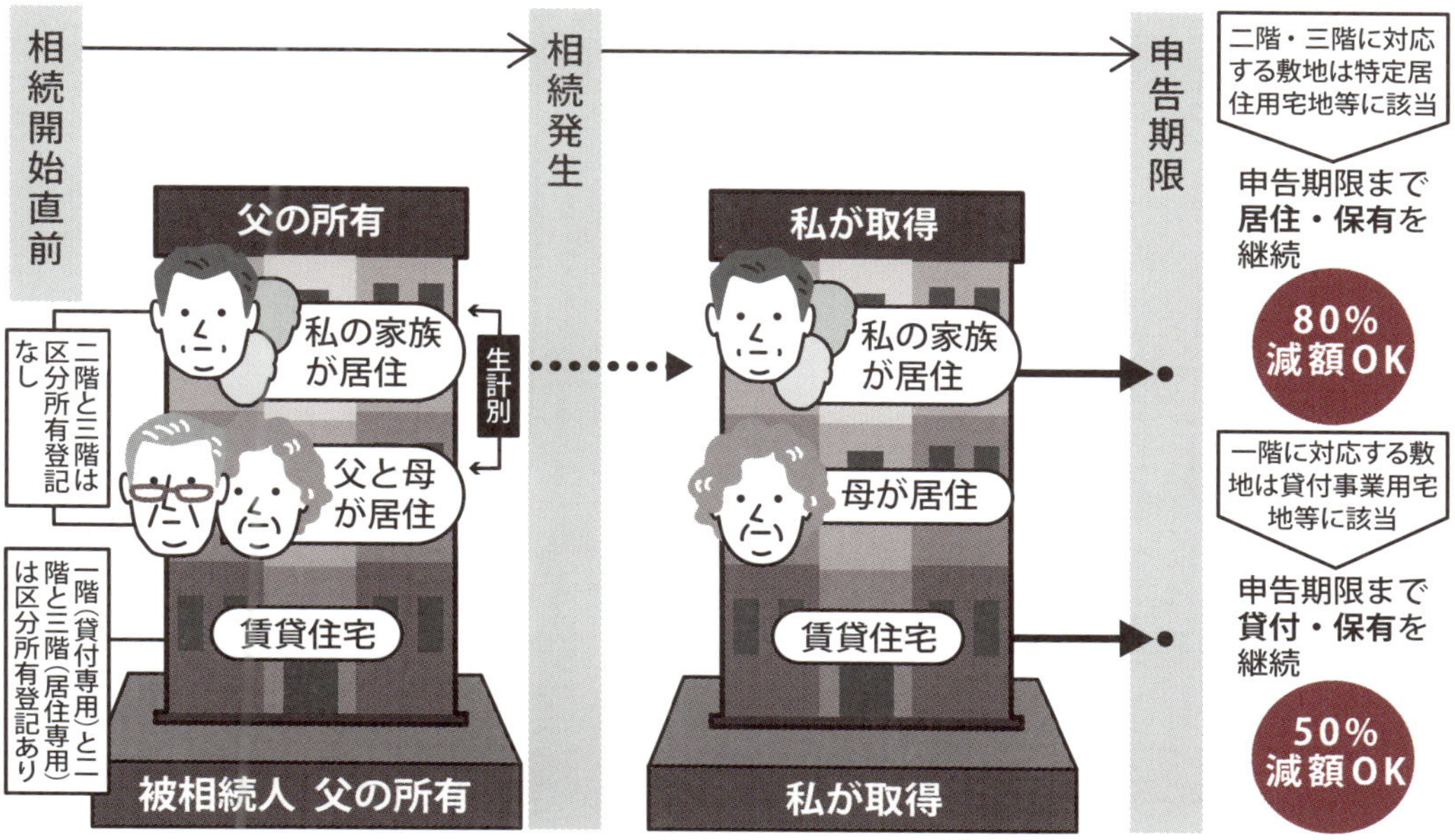

・各相続人の納付税額

納税義務者	取得した財産の価額	納付税額
母	7,000万円	0円
私	1億2,000万円	494万3,400円

※計算式はP173に記載しています。

事例① 母が相続した宅地の取扱いは？

【138 ページの具体的計算】

> 死亡時に受け取る生命保険金と退職金は、「500万円×法定相続人の数」が控除される

●課税価格の合計額

- ・現預金　5,000 万円
- ・死亡退職金　1,500 万円（3,000 万円－ 1,500 万円＝ 1,500 万円）
- ・生命保険金　2,000 万円（3,500 万円－ 1,500 万円＝ 2,000 万円）
- ・居住用住宅　1,500 万円
- ・宅　地　1,584 万円（7,920 万円× 20% ＝ 1,584 万円）
- 合　計　11,584 万円

> 特定居住用宅地等に該当し80%の減額

●各人の課税価格

母　1,500 万円（退職金）＋ 1,500 万円（居住用住宅）＋ 1,584 万円（宅地）
＝ 4,584 万円
兄　2,500 万円（現預金 1/2）＋ 1,000 万円（生命保険金 1/2）＝ 3,500 万円
私　2,500 万円（現預金 1/2）＋ 1,000 万円（生命保険金 1/2）＝ 3,500 万円

●基礎控除額

3,000 万円＋ 600 万円× 3 名＝ 4,800 万円

> 基礎控除額は「3,000万円＋600万円×法定相続人の数」

●課税遺産総額

11,584 万円－ 4,800 万円＝ 6,784 万円

> 課税価格の合計額から基礎控除額を差し引く

●法定相続分に応ずる取得金額

母　6,784 万円× 1/2　＝ 3,392 万円
兄　6,784 万円× 1/2 × 1/2 ＝ 1,696 万円
私　6,784 万円× 1/2 × 1/2 ＝ 1,696 万円

> 法定相続分は配偶者と第一相続人の子ども2人なので、配偶者に2分の1、残りを子どもたちが平等に分ける

●相続税の総額

母　3,392 万円× 20%（相続税率）－ 200 万円（控除額）＝ 478.4 万円
兄　1,696 万円× 15%（相続税率）－　50 万円（控除額）＝ 204.4 万円
私　1,696 万円× 15%（相続税率）－　50 万円（控除額）＝ 204.4 万円
合　計　887.2 万円

> 相続税率と控除額については95ページ参照

●各人の課税価格に応じた割合

母　4,584 万円／11,584 万円＝ 0.3957 ➡ 0.40
兄　3,500 万円／11,584 万円＝ 0.3021 ➡ 0.30
私　3,500 万円／11,584 万円＝ 0.3021 ➡ 0.30

> 各人の課税価格を、課税価格の合計額でそれぞれ割る

●算出相続税額

母　887.2 万円× 0.4 ＝ 354 万 8,800 円
兄　887.2 万円× 0.3 ＝ 266 万 1,600 円
私　887.2 万円× 0.3 ＝ 266 万 1,600 円

> 相続税の総額に、各人の課税価格に応じた割合を掛ける

事例② 持ち家に住んでいる兄が相続した宅地の取扱いは？

【140 ページの具体的計算】

●課税価格の合計額

・現預金　5,000 万円
・死亡退職金　1,500 万円（3,000 万円－ 1,500 万円＝ 1,500 万円）
・生命保険金　2,000 万円（3,500 万円－ 1,500 万円＝ 2,000 万円）
・居住用住宅　1,500 万円
・宅　地　7,920 万円
合　計　17,920 万円

死亡時に受け取る生命保険金と退職金は、「500万円×法定相続人の数」が控除される

●各人の課税価格

母　1,500 万円（退職金）＋ 2,000（生命保険金）　＝ 3,500 万円
兄　1,500 万円（居住用住宅）＋ 7,920 万円（宅地）＝ 9,420 万円
私　5,000 万円（現預金）　＝ 5,000 万円

●基礎控除額

3,000 万円＋ 600 万円× 3 名＝ 4,800 万円

基礎控除額は「3,000万円＋600万円×法定相続人の数」

●課税遺産総額

17,920 万円－ 4,800 万円＝ 13,120 万円

課税価格の合計額から基礎控除額を差し引く

●法定相続分に応ずる取得金額

母　13,120 万円× 1/2　＝ 6,560 万円
兄　13,120 万円× 1/2 × 1/2 ＝ 3,280 万円
私　13,120 万円× 1/2 × 1/2 ＝ 3,280 万円

法定相続分は配偶者と第一相続人の子ども2人なので、配偶者に２分の１、残りを子どもたちが平等に分ける

●相続税の総額

母　6,560 万円× 30%（相続税率）－ 700 万円（控除額）＝ 1,268 万円
兄　3,280 万円× 20%（相続税率）－ 200 万円（控除額）＝　456 万円
私　3,280 万円× 20%（相続税率）－ 200 万円（控除額）＝　456 万円
合　計　2,180 万円

相続税率と控除額については95ページ参照

●各人の課税価格に応じた割合

母　3,500 万円／17,920 万円＝ 0.1953 ➡ 0.19
兄　9,420 万円／17,920 万円＝ 0.5256 ➡ 0.53
私　5,000 万円／17,920 万円＝ 0.2790 ➡ 0.28

各人の課税価格を、課税価格の合計額でそれぞれ割る

●算出相続税額

母　2,180 万円× 0.19 ＝　414 万 2,000 円
兄　2,180 万円× 0.53 ＝ 1,155 万 4,000 円
私　2,180 万円× 0.28 ＝　610 万 4,000 円

相続税の総額に、各人の課税価格に応じた割合を掛ける

事例③ 父と同居していた私が相続した宅地の取扱いは？

【142 ページの具体的計算】

●課税価格の合計額

・現預金　5,000 万円
・死亡退職金　1,500 万円（3,000 万円－ 1,500 万円＝ 1,500 万円）
・生命保険金　2,000 万円（3,500 万円－ 1,500 万円＝ 2,000 万円）
・居住用住宅　1,500 万円
・宅　地　1,584 万円（7,920 万円× 20% ＝ 1,584 万円）
合　計　11,584 万円

死亡時に受け取る生命保険金と退職金は、「500万円×法定相続人の数」が控除される

特定居住用宅地等に該当し80%の減額

●各人の課税価格

母　1,500 万円（退職金）＋ 2,000（生命保険金）　＝ 3,500 万円
姉　5,000 万円（現預金）　＝ 5,000 万円
私　1,500 万円（居住用住宅）＋ 1,584 万円（宅地）＝ 3,084 万円

●基礎控除額

3,000 万円＋ 600 万円× 3 名＝ 4,800 万円

基礎控除額は「3,000万円＋600万円×法定相続人の数」

●課税遺産総額

11,584 万円－ 4,800 万円＝ 6,784 万円

課税価格の合計額から基礎控除額を差し引く

●法定相続分に応ずる取得金額

母　6,784 万円× 1/2　＝ 3,392 万円
姉　6,784 万円× 1/2 × 1/2 ＝ 1,696 万円
私　6,784 万円× 1/2 × 1/2 ＝ 1,696 万円

法定相続分は配偶者が2分の1。残り2分の1を第一相続人である子どもたちが平等に分ける

●相続税の総額

母　3,392 万円× 20%（相続税率）－ 200 万円（控除額）＝ 478.4 万円
姉　1,696 万円× 15%（相続税率）－ 50 万円（控除額）　＝ 204.4 万円
私　1,696 万円× 15%（相続税率）－ 50 万円（控除額）　＝ 204.4 万円
合　計　887.2 万円

相続税率と控除額については95ページ参照

●各人の課税価格に応じた割合

母　3,500 万円／11,584 万円＝ 0.3021 ➡ 0.30
姉　5,000 万円／11,584 万円＝ 0.4316 ➡ 0.43
私　3,084 万円／11,584 万円＝ 0.2662 ➡ 0.27

各人の課税価格を、課税価格の合計額でそれぞれ割る

●算出相続税額

母　887.2 万円× 0.30 ＝ 266 万 1,600 円
姉　887.2 万円× 0.43 ＝ 381 万 4,900 円（100 円未満切り捨て）
私　887.2 万円× 0.27 ＝ 239 万 5,400 円（100 円未満切り捨て）

相続税の総額に、各人の課税価格に応じた割合を掛ける

事例④ 賃貸マンション暮らしの私が相続した宅地の取扱いは？

【144 ページの具体的計算】

●**課税価格の合計額**

・現預金　10,000 万円
・居住用住宅　1,500 万円
・宅　地　1,584 万円（7,920 万円× 20% ＝ 1,584 万円）
　合　計　13,084 万円

特定居住用宅地等に該当し80%の減額

●**各人の課税価格**

兄　10,000 万円（現預金）　＝ 10,000 万円
私　1,500 万円（居住用住宅）＋ 1,584 万円（宅地）＝ 3,084 万円

●**基礎控除額**

3,000 万円＋ 600 万円× 2 名＝ 4,200 万円

基礎控除額は「3,000万円＋600万円×法定相続人の数」

●**課税遺産総額**

13,084 万円－ 4,200 万円＝ 8,884 万円

課税価格の合計額から基礎控除額を差し引く

●**法定相続分に応ずる取得金額**

兄　8,884 万円× 1/2 ＝ 4,442 万円
私　8,884 万円× 1/2 ＝ 4,442 万円

第一相続人である子どもたちが平等に分ける

●**相続税の総額**

兄　4,442 万円× 20%（相続税率）－ 200 万円（控除額）＝ 688.4 万円
私　4,442 万円× 20%（相続税率）－ 200 万円（控除額）＝ 688.4 万円
合　計　1,376.8 万円

相続税率と控除額については95ページ参照

●**各人の課税価格に応じた割合**

兄　10,000 万円／13,084 万円＝ 0.7642 ➡ 0.76
私　3,084 万円／13,084 万円＝ 0.2357 ➡ 0.24

各人の課税価格を、課税価格の合計額でそれぞれ割る

●**算出相続税額**

兄　1,376.8 万円× 0.76 ＝ 1,046 万 3,600 円（100 円未満切り捨て）
私　1,376.8 万円× 0.24 ＝ 330 万 4,300 円（100 円未満切り捨て）

相続税の総額に、各人の課税価格に応じた割合を掛ける

事例⑤ 相続人でない孫が相続することになった宅地の取扱いは？

【146 ページの具体的計算】

●課税価格の合計額

・現預金　8,000 万円
・有価証券　2,000 万円
・居住用住宅　1,000 万円
・宅　地　1,155 万円（5,775 万円× 20% ＝ 1,155 万円）
合　計　12,155 万円

特定居住用宅地等に該当し80%の減額

●各人の課税価格

私　8,000 万円（現預金）＋ 2,000 万円（有価証券）＝ 10,000 万円
私の娘（孫）　1,000 万円（居住用住宅）＋ 1,155 万円（宅地）＝ 2,155 万円

●基礎控除額

3,000 万円＋ 600 万円× 1 名＝ 3,600 万円

基礎控除額は「3,000万円＋600万円×法定相続人の数」

●課税遺産総額

12,155 万円－ 3,600 万円＝ 8,555 万円

課税価格の合計額から基礎控除額を差し引く

●法定相続分に応ずる取得金額

私　8,555 万円

この場合、孫は法定相続人には含まれない（代襲相続人の場合は含む）。私一人だけが法定相続人となる

●相続税の総額

私　8,555 万円× 30%（相続税率）－ 700 万円（控除額）＝ 1,866.5 万円

相続税率と控除額については95ページ参照

●各人の課税価格に応じた割合

私　10,000 万円／12,155 万円＝ 0.8227 ➡ 0.82
私の娘（孫）　2,155 万円／12,155 万円＝ 0.1772 ➡ 0.18

各人の課税価格を、課税価格の合計額でそれぞれ割る

●算出相続税額

私　1,866.5 万円× 0.82 ＝ 1,530 万 5,300 円
私の娘（孫）　1,866.5 万円× 0.18 ＝　335 万 9,700 円

相続税の総額に、各人の課税価格に応じた割合を掛ける

●２割加算後の私の娘（孫）の納付税額

私の娘（孫）　335 万 9,700 円× 20% ＝ 67 万 1,940 円
335 万 9,700 円＋ 67 万 1,940 円＝ 403 万 1,600 円
（100 円未満切り捨て）

相続税を支払う人が一親等の血族および配偶者以外である場合は、算出相続税額に2割加算される（※２割加算の対象者については39ページ参照）

事例⑥ 賃貸マンション暮らしの私が相続した宅地の取扱いは？

【148 ページの具体的計算】

●課税価格の合計額

・現預金	8,000 万円
・有価証券	2,000 万円
・居住用住宅	1,500 万円
・宅　地	1,260 万円（6,300 万円× 20% ＝ 1,260 万円）
合　計	12,760 万円

特定居住用宅地等に該当し80%の減額

●各人の課税価格

私　上記の全課税価格 ＝ 12,760 万円

●基礎控除額

3,000 万円＋ 600 万円× 1 名＝ 3,600 万円

基礎控除額は「3,000万円＋600万円×法定相続人の数」

●課税遺産総額

12,760 万円－ 3,600 万円＝ 9,160 万円

課税価格の合計額から基礎控除額を差し引く

●法定相続分に応ずる取得金額

私　9,160 万円

他に相続人はいないため、私一人だけが法定相続人となる

●相続税の総額

私　9,160 万円× 30%（相続税率）－ 700 万円（控除額）＝ 2,048 万円

相続税率と控除額については95ページ参照

●算出相続税額

私　2,048 万円

相続人は私一人のため、相続税の総額がそのまま算出相続税額となる

事例 7 生計別で二世帯住宅を相続した場合の宅地の取扱いは？（区分所有登記なし）

【150 ページの具体的計算】

●課税価格の合計額

・現預金　7,000 万円
・有価証券　1,000 万円
・居住用住宅　1,500 万円
・宅　地　1,056 万円（5,280 万円× 20% ＝ 1,056 万円）
合　計　10,556 万円

特定居住用宅地等に該当し80％の減額

●各人の課税価格

母　7,000 万円（現預金）＝ 7,000 万円
私　1,000 万円（有価証券）＋ 1,500 万円（居住用住宅）＋ 1,056 万円（宅地）＝ 3,556 万円

●基礎控除額

3,000 万円＋ 600 万円× 2 名＝ 4,200 万円

基礎控除額は「3,000万円+600万円×法定相続人の数」

●課税遺産総額

10,556 万円－ 4,200 万円＝ 6,356 万円

課税価格の合計額から基礎控除額を差し引く

●法定相続分に応ずる取得金額

母　6,356 万円× 1/2 ＝ 3,178 万円
私　6,356 万円× 1/2 ＝ 3,178 万円

法定相続分は配偶者と第一相続人の子ども 1 人なので、配偶者と子どもが平等に分ける

●相続税の総額

母　3,178 万円× 20%（相続税率）－ 200 万円（控除額）＝ 435.6 万円
私　3,178 万円× 20%（相続税率）－ 200 万円（控除額）＝ 435.6 万円
合　計　871.2 万円

相続税率と控除額については95ページ参照

●各人の課税価格に応じた割合

母　7,000 万円／10,556 万円＝ 0.6631 ➡ 0.66
私　3,556 万円／10,556 万円＝ 0.3368 ➡ 0.34

各人の課税価格を、課税価格の合計額でそれぞれ割る

●算出相続税額

母　871.2 万円× 0.66 ＝ 574 万 9,900 円（100 円未満切り捨て）
私　871.2 万円× 0.34 ＝ 296 万 2,000 円（100 円未満切り捨て）

相続税の総額に、各人の課税価格に応じた割合を掛ける

事例⑧ 生計別で二世帯住宅を相続した場合の宅地の取扱いは？（区分所有登記あり）

【152ページの具体的計算】

●課税価格の合計額

・現預金　　7,000万円
・有価証券　1,000万円
・居住用住宅　1,500万円
・宅　地　　5,280万円
合　計　　14,780万円

●各人の課税価格

母　7,000万円（現預金）＝7,000万円万円
私　1,000万円（有価証券）＋1,500万円（居住用住宅）＋5,280万円（宅地）
＝7,780万円

●基礎控除額

3,000万円＋600万円×2名＝4,200万円

基礎控除額は「3,000万円＋600万円×法定相続人の数」

●課税遺産総額

14,780万円－4,200万円＝10,580万円

課税価格の合計額から基礎控除額を差し引く

●法定相続分に応ずる取得金額

母　10,580万円×1/2＝5,290万円
私　10,580万円×1/2＝5,290万円

法定相続分は配偶者と第一相続人の子ども1人なので、配偶者と子どもが平等に分ける

●相続税の総額

母　5,290万円×30%（相続税率）－700万円（控除額）＝887万円
私　5,290万円×30%（相続税率）－700万円（控除額）＝887万円
合　計　1,774万円

相続税率と控除額については95ページ参照

●各人の課税価格に応じた割合

母　7,000万円／14,780万円＝0.4736 ➡ 0.47
私　7,780万円／14,780万円＝0.5263 ➡ 0.53

各人の課税価格を、課税価格の合計額でそれぞれ割る

●算出相続税額

母　1,774万円×0.47＝833万7,800円
私　1,774万円×0.53＝940万2,200円

相続税の総額に、各人の課税価格に応じた割合を掛ける

事例 9 父の敷地内に私が所有する家屋を建てた場合の宅地の取扱いは？（生計別の場合）

【154 ページの具体的計算】

●課税価格の合計額

- ・現預金　6,000 万円
- ・生命保険金　1,500 万円（2,500 万円－ 1,000 万円＝ 1,500 万円）
- ・居住用住宅　1,000 万円
- ・S土地　6,000 万円
- ・T土地　4,500 万円
- 合　計　19,000 万円

死亡時に受け取る生命保険金は、「500万円×法定相続人の数」が控除される

●各人の課税価格

私　1,000 万円（居住用住宅）＋ 6,000 万円（S土地）＋ 4,500 万円（T 土地）＝ 11,500 万円

妹　6,000 万円（現預金）＋ 1,500 万円（生命保険金）＝ 7,500 万円

●基礎控除額

3,000 万円＋ 600 万円× 2 名＝ 4,200 万円

基礎控除額は「3,000万円＋600万円×法定相続人の数」

●課税遺産総額

19,000 万円－ 4,200 万円＝ 14,800 万円

課税価格の合計額から基礎控除額を差し引く

●法定相続分に応ずる取得金額

私　14,800 万円× 1/2 ＝ 7,400 万円

妹　14,800 万円× 1/2 ＝ 7,400 万円

第一相続人である子ども2人が平等に分ける

●相続税の総額

私　7,400 万円× 30%（相続税率）－ 700 万円（控除額）＝ 1,520 万円

妹　7,400 万円× 30%（相続税率）－ 700 万円（控除額）＝ 1,520 万円

合　計　3,040 万円

相続税率と控除額については95ページ参照

●各人の課税価格に応じた割合

私　11,500 万円／19,000 万円＝ 0.6052 ➡ 0.61

妹　7,500 万円／19,000 万円＝ 0.3947 ➡ 0.39

各人の課税価格を、課税価格の合計額でそれぞれ割る

●算出相続税額

私　3,040 万円× 0.61 ＝ 1,854 万 4,000 円

妹　3,040 万円× 0.39 ＝ 1,185 万 6,000 円

相続税の総額に、各人の課税価格に応じた割合を掛ける

事例⑩ 父の敷地内に私が所有する家屋を建てた場合の宅地の取扱いは？（生計一の場合）

【156ページの具体的計算】

●課税価格の合計額

・現預金　6,000万円
・生命保険金　1,500万円（2,500万円－1,000万円＝1,500万円）
・居住用住宅　1,000万円
・S土地　6,000万円
・T土地　900万円（4,500万円×20%＝900万円）
合　計　15,400万円

死亡時に受け取る生命保険金は、「500万円×法定相続人の数」が控除される

特定居住用宅地等に該当し80%の減額

●各人の課税価格

私　1,000万円（居住用住宅）＋6,000万円（S土地）＋900万円（T土地）＝7,900万円
妹　6,000万円（現預金）＋1,500万円（生命保険金）＝7,500万円

●基礎控除額

3,000万円＋600万円×2名＝4,200万円

基礎控除額は「3,000万円＋600万円×法定相続人の数」

●課税遺産総額

15,400万円－4,200万円＝11,200万円

課税価格の合計額から基礎控除額を差し引く

●法定相続分に応ずる取得金額

私　11,200万円×1/2＝5,600万円
妹　11,200万円×1/2＝5,600万円

第一相続人である子ども2人が平等に分ける

●相続税の総額

私　5,600万円×30%（相続税率）－700万円（控除額）＝980万円
妹　5,600万円×30%（相続税率）－700万円（控除額）＝980万円
合　計　1,960万円

相続税率と控除額については95ページ参照

●各人の課税価格に応じた割合

私　7,900万円／15,400万円＝0.5129➡0.51
妹　7,500万円／15,400万円＝0.4870➡0.49

各人の課税価格を、課税価格の合計額でそれぞれ割る

●算出相続税額

私　1,960万円×0.51＝999万6,000円
妹　1,960万円×0.49＝960万4,000円

相続税の総額に、各人の課税価格に応じた割合を掛ける

事例⑪ 父所有の家屋に住んでいた私が相続した宅地の取扱いは？

【158 ページの具体的計算】

●課税価格の合計額

・現預金　　　6,000 万円
・生命保険金　1,500 万円（2,500 万円－ 1,000 万円＝ 1,500 万円）
・S 家屋　　　1,000 万円
・T 家屋　　　1,000 万円
・S 土地　　　1,200 万円（6,000 万円× 20％ ＝ 1,200 万円）
・T 土地　　　4,500 万円
合　計　　　15,200 万円

死亡時に受け取る生命保険金は、「500万円×法定相続人の数」が控除される

S土地は特定居住用宅地等に該当し80％の減額

●各人の課税価格

私　1,000 万円（S 家屋）＋ 1,000 万円（T 家屋）＋ 1,200 万円（S 土地）＋ 4,500 万円（T 土地）＝ 7,700 万円
妹　6,000 万円（現預金）＋ 1,500 万円（生命保険金）＝ 7,500 万円

●基礎控除額

3,000 万円＋ 600 万円× 2 名＝ 4,200 万円

基礎控除額は「3,000万円＋600万円×法定相続人の数」

●課税遺産総額

15,200 万円－ 4,200 万円＝ 11,000 万円

課税価格の合計額から基礎控除額を差し引く

●法定相続分に応ずる取得金額

私　11,000 万円× 1/2 ＝ 5,500 万円
妹　11,000 万円× 1/2 ＝ 5,500 万円

第一相続人である子ども2人が平等に分ける

●相続税の総額

私　5,500 万円× 30％（相続税率）－ 700 万円（控除額）＝ 950 万円
妹　5,500 万円× 30％（相続税率）－ 700 万円（控除額）＝ 950 万円
合　計　1,900 万円

相続税率と控除額については95ページ参照

●各人の課税価格に応じた割合

私　7,700 万円／15,200 万円＝ 0.5065 ➡ 0.51
妹　7,500 万円／15,200 万円＝ 0.4934 ➡ 0.49

各人の課税価格を、課税価格の合計額でそれぞれ割る

●算出相続税額

私　1,900 万円× 0.51 ＝ 969 万円
妹　1,900 万円× 0.49 ＝ 931 万円

相続税の総額に、各人の課税価格に応じた割合を掛ける

事例⑫ 居住用と貸付用の建物がある場合の宅地の取扱いは？

【160 ページの具体的計算】

「貸家の評価」は固定資産税評価額×（1−0.3）により評価する。0.3は借家権割合をいう。「貸家建付地の評価」は、自用地評価額×（1−0.7×0.3）により評価する。0.7は借地権割合、0.3は借家権割合をいう。

●課税価格の合計額

- ・現預金　7,000 万円
- ・有価証券　1,000 万円
- ・居住用住宅　1,000 万円
- ・貸付用住宅　700 万円 {1,000 万円×（1 − 0.3）}
- ・居住用土地　1,200 万円 （6,000 万円× 20% ＝ 1,200 万円）
- ・貸付用土地　1,185 万円 {3,000 万円×（1 − 0.7 × 0.3）＝ 2,370 万円}（2,370 万円× 50% ＝ 1,185 万円）

合　計　12,085 万円

居住用土地は特定居住用宅地等に該当し80%の減額。貸付用土地は貸付事業用に該当し50%の減額

●各人の課税価格

母　7,000 万円（現預金）＝ 7,000 万円

私　1,000 万円（有価証券）＋ 1,000 万円（居住用住宅）＋ 700 万円（貸付用住宅）＋ 1,200 万円（居住用土地）＋ 1,185 万円（貸付用土地）＝ 5,085 万円

●基礎控除額

3,000 万円＋ 600 万円× 2 名＝ 4,200 万円

基礎控除額は「3,000万円＋600万円×法定相続人の数」

●課税遺産総額

12,085 万円− 4,200 万円＝ 7,885 万円

課税価格の合計額から基礎控除額を差し引く

●法定相続分に応ずる取得金額

母　7,885 万円× 1/2 ＝ 3,942.5 万円

私　7,885 万円× 1/2 ＝ 3,942.5 万円

法定相続人は配偶者と第一相続人の子ども1人なので、それぞれ2分の1ずつとなる

●相続税の総額

母　3,942.5 万円× 20%（相続税率）− 200 万円（控除額）＝ 588.5 万円

私　3,942.5 万円× 20%（相続税率）− 200 万円（控除額）＝ 588.5 万円

合　計　1,177 万円

相続税率と控除額については95ページ参照

●各人の課税価格に応じた割合

母　7,000 万円／12,085 万円＝ 0.5792 ➡ 0.58

私　5,085 万円／12,085 万円＝ 0.4207 ➡ 0.42

各人の課税価格を、課税価格の合計額でそれぞれ割る

●算出相続税額

母　1,177 万円× 0.58 ＝ 682 万 6,600 円

私　1,177 万円× 0.42 ＝ 494 万 3,400 円

相続税の総額に、各人の課税価格に応じた割合を掛ける

相続開始から申告までの手続きの流れ

被相続人の死亡（相続開始）

関係者への連絡、葬儀の準備

通夜・葬儀

死亡届の提出

死亡届は7日以内に死亡診断書を添付して市区町村長に提出する。

葬式費用の領収書などの整理・保管

遺言書の有無の確認

自筆証書遺言書があれば、家庭裁判所で検認を受けた後、開封する。

四十九日忌法要

香典返し（ただし葬式費用には含まれない）。

遺産・債務の概要の把握

相続の放棄をするか否かを決める。

相続人の確認

被相続人と相続人の本籍地から戸籍謄本を取り寄せる。

（3カ月以内）

相続の放棄または限定承認

家庭裁判所に申述する。

（4カ月以内）

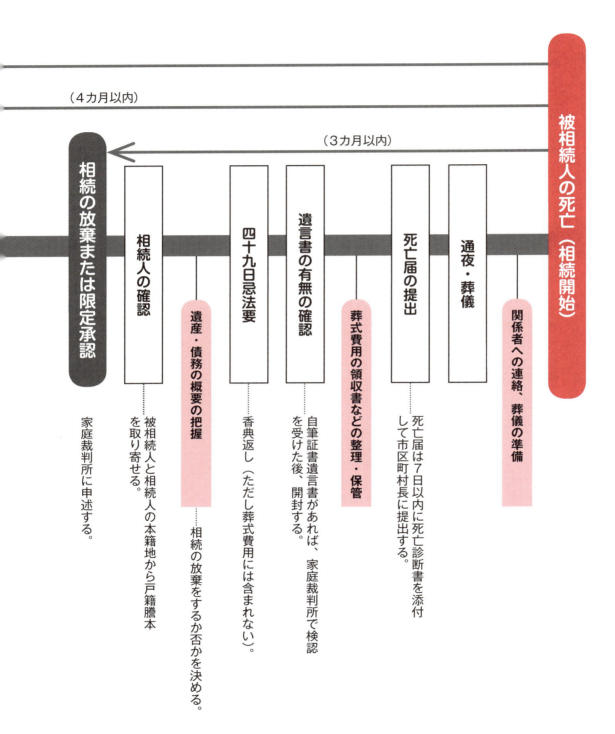

相続は、家族の死亡から始まります。葬儀その他の行事が立て込むことから、相続税の申告期限までの期間は、精神的にも物理的にも以外に短く感じるものです。相続税の申告手続きは、相続人全員の協力のもとにできるだけ早めに、かつ円滑に進めましょう。

所得税の申告と納付（準確定申告）

被相続人の死亡した日までの所得を税務署に申告する。

遺産や債務の調査

財産目録の作成。

遺産の評価・鑑定

財産評価が困難な場合は、税理士や不動産鑑定士など専門家に相談する。

遺産分割協議書の作成

相続人全員の実印と印鑑証明書が必要となる。

相続税の申告書の作成

納税資金の準備、延納または物納を検討する。

（10カ月以内）

相続税の申告と納付

被相続人の死亡したときの住所地の税務署に申告、納税（延納、物納の申請も同時）。

遺産の名義変更手続き

不動産の相続登記や預貯金、有価証券の名義書換えをする。

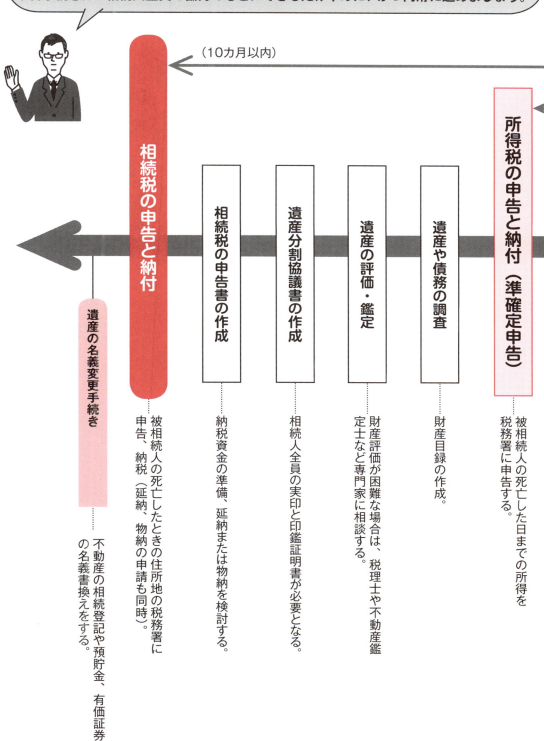

■著 者

池田俊文（いけだ としふみ）　**税理士**

1950年宮崎県生まれ。立正大学経済学部卒業後、宮崎市内のシーサイドホテルフェニックスでフロント会計に従事した後、税理士事務所勤務を経て、1996年池田税務会計事務所を独立開業。
相続においては、温厚で誠実な対応にクライアントから篤い信頼が寄せられている。
相続セミナーをはじめ、各種経営セミナー講師としても活躍。
監修書に『よくわかる相続・贈与の事典』（成美堂出版）がある。

相続税の申告でお困りの方は相談をうけたまわっています。
池田税務会計事務所
東京都新宿区新宿5-4-1 新宿Qフラットビル906
URL: http://www.ikeda-t.com

本書に関する正誤など、お気づきの点は、書名・質問事項・氏名・住所・FAX番号を明記の上、駒草出版まで郵送もしくはFAXでお問い合わせください。
電話でのお問い合わせはお受けできません。また、本書に関わる法律相談などは行っておりません。

50歳からの相続・贈与の本

二〇一五年十二月十七日　初版発行

著者　池田俊文
発行者　井上弘治
発行所　**駒草出版**　株式会社ダンク 出版事業部
〒一一〇-〇〇一六
東京都台東区台東一-七-一 邦洋秋葉原ビル二階
TEL 〇三(三八三四)九〇八七
FAX 〇三(三八三四)四五〇八
http://www.komakusa-pub.jp/

カバーデザイン・イラスト　江田貴子
本文デザイン・DTP　株式会社有朋社
印刷・製本　シナノ印刷株式会社

落丁・乱丁本はお取り替えいたします。
定価はカバーに表示してあります。

Toshifumi Ikeda, Printed in Japan
ISBN 978-4-905447-61-0